中国共产党领导
石油工业发展述论

巴依苏龙　方凤玲 —— 著

光明日报出版社

图书在版编目（CIP）数据

中国共产党领导石油工业发展述论 ／ 巴依苏龙，方
凤玲著 . -- 北京：光明日报出版社，2024.5
ISBN 978 - 7 - 5194 - 7988 - 6

Ⅰ.①中… Ⅱ.①巴… ②方… Ⅲ.①石油工业—经
济发展战略—研究—中国 Ⅳ.①F426.22

中国国家版本馆 CIP 数据核字（2024）第 109209 号

中国共产党领导石油工业发展述论

ZHONGGUO GONGCHANDANG LINGDAO SHIYOU GONGYE FAZHAN SHULUN

著　者：巴依苏龙　方凤玲			
责任编辑：李　晶		责任校对：郭玫君　董小花	
封面设计：中联华文		责任印制：曹　净	

出版发行：光明日报出版社

地　　址：北京市西城区永安路 106 号，100050

电　　话：010-63169890（咨询），010-63131930（邮购）

传　　真：010-63131930

网　　址：http：// book. gmw. cn

E - mail：gmrbcbs@ gmw. cn

法律顾问：北京市兰台律师事务所龚柳方律师

印　　刷：三河市华东印刷有限公司

装　　订：三河市华东印刷有限公司

本书如有破损、缺页、装订错误，请与本社联系调换，电话：010-63131930

开　　本：170mm×240mm

字　　数：184 千字　　　　　　印　　张：16

版　　次：2024 年 5 月第 1 版　　印　　次：2024 年 5 月第 1 次印刷

书　　号：ISBN 978 - 7 - 5194 - 7988 - 6

定　　价：78.00 元

前　言

　　中国共产党领导的石油工业现代化基本历程蕴含于中国共产党发展的历史脉络中，是中国式现代化进程中的黄金血脉。无论是在战争年代还是和平发展时期，石油工业的社会地位一直举足轻重，历来备受我党重视。在迈向社会主义现代化强国的历史征程中，石油工业现代化发展在中国共产党的领导下，跨越百余年，历经新民主主义革命时期的艰难起步、社会主义革命和建设时期的初创和探索、改革开放和社会主义现代化建设新时期的调整与改革，以及中国特色社会主义新时代的守正和创新，逐步形成了中国特色石油工业现代化发展道路。

　　本书坚持以马克思主义为指导思想，力求在总结马克思主义现代化理论与实践的基础上，通过对中国共产党百年史、中国石油工业发展史等有关经典文献进行梳理分析和归纳比较，遵循"为什么发展石油工业，发展什么样的石油工业，怎样发展石油工业"的思路，重点探讨中国共产党领导石油工业现代化的历史进程与规律，进而总结中国共产党领导的石油工业现代化的经验与启示，为社会主义国家实现石油工业现代化提供中国智慧与中国方案。

　　本书围绕中国共产党领导石油工业现代化的理论逻辑、历史逻辑和现实逻辑展开，从理论渊源、发展历程、历史贡献、经验启示以及新时代的路径选择等方面进行阐述分析，具体如下。

第一章对中国共产党领导石油工业现代化的理论渊源进行了研究。其中马克思、恩格斯的现代化理论，列宁的现代化理论与实践，苏联领导现代化的经验与教训，中华优秀传统文化以及世界其他国家的工业现代化进程，为中国共产党领导石油工业现代化提供了科学依据。

第二章回顾了中国共产党领导石油工业现代化的历史发展轨迹及演变历程。按照新民主主义革命时期、社会主义革命和推进社会主义建设时期、改革开放和社会主义现代化建设新时期，以及中国特色社会主义新时代将中国共产党领导石油工业现代化发展历程分为四个阶段，从不同维度阐述了中国共产党不同时期对石油工业现代化的理论指导，以及对石油工业现代化的具体实践。

第三章梳理总结了中国共产党领导石油工业现代化的历史贡献。在石油工业现代化的理论探索方面，确立了"为民务实"的目标体系，构建了"唯物辩证"的理念体系，搭建了"全面系统"的战略体系，形成了以"石油精神"为核心的石油企业文化体系。在实践成就方面，政治建设上提升了党的领导能力，经济建设上促进了国民经济发展，文化建设上形成了新时代石油精神，社会建设上引领社会建设多方位发展，生态文明建设上推动了人与生态和谐发展，并且总结了中国共产党领导石油工业现代化在理论、实践、历史三个维度的时代意义。

第四章探讨了中国共产党领导石油工业现代化的经验启示，重点强调了推进石油工业现代化必须发挥中国特色社会主义的制度优势，必须坚持人与自然和谐共生，必须把科技创新作为战略支撑，必须坚持弘扬石油精神。

第五章聚焦新时代中国共产党领导石油工业现代化的思考，提出了面对全球政治环境不确定性、全球经济发展的大波动性、数字技术对行业的挑战性、深化改革进入关键时期以及碳排放对全球气候影响等挑战的应对策略。总结了新时代加强石油工业现代化发展的基本准则，并指出新时代加强石油工业现代化的路径选择。

全书通过对中国石油工业现代化发展历程的深入分析，不仅为理解中国共产党在石油工业发展中的作用提供了新的视角，也为石油工业的未来发展提供了理论指导和实践路径。回顾中国共产党带领石油工业现代化发展的历程，是为了更好地总结经验，把握规律，坚守正确的前进方向。这为新时代着眼国家战略需要稳住石油工业这个能源基石，全面推进石油工业的高质量发展，走好石油工业现代化道路，进而为推动石油工业现代化的进程取得扎实进展提供了重要依据，也为社会主义国家实现石油工业现代化提供了中国理论。

总体而言，本研究的创新点主要体现在以下几点。

1. 研究视角新。本书全面梳理了从新民主主义革命时期到社会主义革命和建设时期，再到改革开放和社会主义现代化建设新时期，以及中国特色社会主义新时代的石油工业现代化发展历程，通过总结中国石油工业现代化发展每个阶段的发展，提炼出党领导石油工业取得进步的历史成就，为新时代石油工业现代化发展提供了宝贵的经验启示，拓宽了石油工业现代化发展历程与经验研究的视野。

2. 研究内容新。本书系统研究和科学总结了中国共产党领导石油工业现代化发展的思想脉络、理论渊源；较为科学、系统地研究了新征程上中国石油工业现代化发展的路径选择，将中国共产党领导石油工业现代化发展的思想结晶放到了中国特色社会主义理论和道路的伟大事业中去思考，拓展了中国石油工业现代化发展的理论与实践内容。采用先分析后总结的方法，结合石油工业发展的每个阶段的工业化思想背景和实践结果来梳理其历程、成就、经验，并在新征程中国共产党领导石油工业发展的路径选择上做出新的探索。

3. 研究观点新。本书从马克思主义理论角度阐述中国共产党领导石油工业基本历程，深化对中国共产党工业化道路形成的认识，这既不是对历史事件的简单堆积，也不是对中国共产党工业化思想的简单重复，而是对中国共产党领导石油工业现代化发展历程的实践做理论总结和提升，从总体上把握中国共产党是如何带领石油工业在短时间内得到飞速发展的。

这些创新点不仅体现了理论研究的深度，也展示了对实际问题的深刻洞察和解决方案的创新性。通过这些创新点，本书为石油工业的现代化发展提供了全面的理论指导和实践路径，同时也为其他行业的现代化发展提供了可借鉴的经验。

目 录
CONTENTS

第一章 绪论 ……………………………………………… 1

第一节 研究缘起和研究意义 …………………… 1

第二节 研究综述 …………………………………… 4

第三节 现代化相关概念及理论 ………………… 24

第四节 研究思路和方法 ………………………… 58

第五节 研究创新点和难点 ……………………… 60

第二章 石油工业现代化发展的理论渊源 ………… 64

第一节 世界各国石油工业现代化的借鉴 ………… 64

第二节 全球石油工业现代化发展历程 …………… 67

第三节 石油工业现代化发展的一般规律 ………… 73

第四节 中国发展石油工业现代化的传统理论基础 ……… 76

第三章 中国共产党领导石油工业现代化的基本历程 ………… 86

第一节 新民主主义革命时期石油工业的艰难起步

（1921—1949） ……………………………… 86

第二节 社会主义革命和建设时期石油工业的初创与探索
（1949—1978） ………………………………………… 96

第三节 改革开放和社会主义现代化建设时期石油工业的
调整与改革（1978—2012） …………………… 118

第四节 中国特色社会主义新时代石油工业的守正与创新
（2012 年至今） ……………………………………… 146

第四章 中国共产党领导石油工业现代化发展的经验启示 …… 155

第一节 推进石油工业现代化必须发挥中国特色社会主义的
制度优势 …………………………………………… 156

第二节 推进石油工业现代化必须坚持人与自然和谐共生 164

第三节 推进石油工业现代化必须把科技创新作为战略支撑 … 173

第四节 推进石油工业现代化必须坚持弘扬石油精神 ………… 183

第五章 新时代中国共产党领导石油工业现代化
发展的思考 ……………………………………………… 189

第一节 新时代石油工业现代化发展面临的挑战与对策 ……… 190

第二节 新时代推进石油工业现代化发展的基本准则 ………… 197

第三节 新时代加强石油工业现代化发展的路径选择 ………… 202

结 语 …………………………………………………………… 215

参考文献 ………………………………………………………… 220

第一章

绪　　论

第一节　研究缘起和研究意义

一、研究缘起

《中共中央关于党的百年奋斗重大成就和历史经验的决议》中指出，"坚持中国道路"是我党百年发展中的一项重要宝贵经验，党在百年奋斗历程中始终秉持以国情为根基，不断探索出符合中国具体实际的发展途径。此外，决议还着重强调了一个重要方面："仅用几十年时间就走完发达国家几百年走过的工业化历程，创造了经济快速发展和社会长期稳定两大奇迹。"① 石油工业的发展是中国工业化道路上的重要组成部分。石油作为一种重要能源，不仅在工业生产中起到承上启下的关键作用，也对国家的经济发展和人民的生活水平产生深远影响，在现代社会中发挥着至关重要的作用。石油被形象地称为工业的"粮食"和"血液"，正是因为它像粮食一样滋养着工业发展，又像血液一

---

① 中共中央关于党的百年奋斗重大成就和历史经验的决议［N］. 人民日报，2021-11-17（01）.

样流淌在各个领域，才能不断为社会经济的运转提供动力和支持。石油作为事关国计民生的重要战略物资，承担着巨大的责任。习近平强调："石油能源建设对我们国家意义重大，中国作为制造业大国，要发展实体经济，能源的饭碗必须端在自己手里。"① 石油工业作为一种以自然资源为基础的经济生产行业，不仅为国家提供了丰富的能源供应，也带动了相关产业链的发展，促进了就业并创造了财富，对社会经济的发展做出了重要的贡献，是保障国家经济发展的重要产业。

方向决定道路，道路决定命运。回顾历史，在中国共产党的领导下，发达国家历经百年的工业化历程，中国仅用了几十年的时间就大踏步地追赶上来。我国的石油工业从"一穷二白"发展到如今完善的石油工业体系，从"贫油国"一跃成为世界油气生产大国，实现了国界与领域的发展跨越，为社会主义现代化建设提供了源源不断的能源保障。其根本原因就是中国共产党带领人民探索出中国特色社会主义这条实现中华民族伟大复兴的正确道路，其中，起决定性作用的就是中国共产党开辟的具有中国式现代化的道路，而我国的石油工业发展正是在这种历史条件下，由中国共产党的带领而逐步发展壮大。实践证明，马克思主义不仅是指导革命的指南，也是指导建设的科学。在党的全面领导下，在石油工业的发展改革实践中，坚持以人民为中心，坚持改革开放，坚持把创新作为根本动力，走出了一条具有中国特色的石油工业现代化发展之路，实现了中国石油工业现代化的飞跃式发展，形成了中国式石油工业现代化的独特发展道路。

研究和总结中国共产党如何在马克思主义理论的指导下，在结合

---

① 大河奔涌，奏响新时代澎湃乐章——习近平总书记考察黄河入海口并主持召开深入推动黄河流域生态保护和高质量发展座谈会纪实［N］. 人民日报，2021-10-24（01）.

中国国情的实践中，科学地开辟出具有中国特色的现代化道路，实施正确战略决策使石油工业得到飞跃式发展，为石油工业进入新时代后进一步高质量发展提供了理论依据和实践基础。本书将在全面研究中国共产党领导石油工业现代化发展理论以及历史实践的基础上，总结经验启示，以增强我们对党领导石油工业现代化发展的自觉自信，探寻中国共产党的现代化战略思想对推动中国石油工业现代化发展的指导价值。

二、研究意义

石油工业作为现代工业的重要组成部分，对于国家经济的发展和安全具有至关重要的作用。在中国，石油工业的现代化历程始于20世纪50年代，经过几十年的发展，已经取得了举世瞩目的成就。在这个过程中，中国共产党始终发挥着核心领导作用。本书旨在探讨中国共产党领导石油工业现代化的历程和经验，以期为今后的石油工业发展提供借鉴和参考。

历史意义：本研究回顾了中国共产党领导下的石油工业现代化的历程，梳理了在不同阶段所面临的挑战和机遇，这对于我们深入了解中国石油工业的发展脉络，认识其在中国式现代化建设中的重要地位具有重要的历史意义。

现实意义：本研究总结了中国共产党的领导在推进石油工业现代化进程中所发挥的核心作用以及积累的重要经验，这为我们在新时代下如何更好地坚持党的领导，加强党对经济工作的全面领导提供了重要的现实启示。同时，本研究分析了当前在中国石油工业发展中存在的问题和不足，并提出了相应的改进措施和建议，为我们进一步推动石油工业高质量发展、实现高水平科技自立自强提供了有益的思路和方法。

理论意义：本研究从实践出发，结合相关理论和政策文件，对中国共产党的领导与石油工业现代化进行了深入理论剖析和研究，科学总结新时代推进石油工业现代化的新内涵、新使命，以中国式现代化推动石油工业提质增效升级，为实现社会主义现代化强国建设目标提供支撑和强大保障，同时为其他行业或领域的相关研究提供了重要的参考和借鉴。

通过探索研究，我们深刻认识到中国共产党领导下的石油工业现代化所取得的巨大成就及其对我国经济社会发展的重要意义。未来，我们将继续做坚持党的领导、加强科技创新、推进绿色发展和拓展国际市场等方面的工作，为实现中华民族伟大复兴的中国梦贡献力量。

第二节　研究综述

本书的选题与论述以大量的历史文献资料为依托，并通过对现有的资料汇编、学术性专著、论文等进行归纳分析，主要从国内、国外两个方面进行阐述：国内研究以不同时间、区域、领域、人物等角度进行分类，以不同主题的分时进一步整理分析；国外研究主要参考了在石油能源领域较有权威和对中国发展相关领域较有威望的学者的相关译作和学术论文。本书在借鉴学界已有研究成果的同时，对研究中缺失的部分进行论述，力求全面、客观。

一、国内研究综述

石油工业作为国家经济发展的重要支柱，其现代化历程与国家命运紧密相连，在中国，这一历程更是与中国共产党的发展紧密相关。近年来，随着中国经济的崛起和石油工业的快速发展，国内学者对于石油工业发展史进行了广泛而深入的研究。为了更全面地研究石油工业发展史，可从时间、区域、领域、人物等角度展开研究。现将国内研究现状做如下综述。

1. 从不同时间跨度下对石油工业发展的相关研究

（1）古代石油史的研究

在古代，石油并没有像现代这样成为重要的能源和工业原料，也没有形成工业化规模。只能在有关石油发展史的书籍和论文中才能看见零散的有关古代石油的记载。在申力生《中国石油工业发展史》[①] 的第一卷《古代的石油与天然气》中，描述了鸦片战争以前的石油与天然气发展的历史，不仅详细介绍了古代石油钻井、开采、加工、运输等方面的创造和发明，还深入分析了这一历史时期内在技术和知识积累上的独特之处。李玉琪和惠荣在《中国古代为什么没有产生现代石油工业》[②] 一文中，深入探讨了自汉朝以来，中国对石油、天然气的认识和利用历程。他们指出，中国古代确实发展出了一系列领先于世界水平的实用技术，如石油的开采、提炼和利用等。然而，尽管中国古代对石油有着较早的认识和利用，但这种认识主要停留在应用层面，

① 申力生．中国石油工业发展史 [M]．北京：石油工业出版社，1984．
② 李玉琪，惠荣．中国古代为什么没有产生现代石油工业 [J]．西安石油大学学报（社会科学版），2012，21（2）：45-51．

缺乏对事物性质的探索精神。这导致中国古代在石油领域的知识体系构建上，缺乏系统的科学原理，也因此没有产生现代石油工业。此外，虽然市场需求和政治制度等因素在一定程度上也影响了石油工业的发展，但李玉琪和惠荣认为，这些因素并非决定性的。对事物根本原因的探索和对科学原理的构建，是推动石油工业从古代走向现代的关键。

（2）近代石油工业史的研究

在浩瀚的历史长河中，中国石油工业的发展历程可谓波澜壮阔。张叔岩在《20世纪上半叶的中国石油工业》① 一书中，依据对历史资料的考察，以时间为线索，详细论述了20世纪上半叶，中国早期石油工业的具体发展情况，展示了中国石油工业从最初的薄弱状态到逐步崛起的历史发展脉络。同时，申力生在《中国石油工业发展史》② 第二卷《近代石油工业》中，为我们提供了中国石油工业发展的一段宝贵资料，这份史料记载了从鸦片战争到中华人民共和国成立这一时期中国石油工业的发展，填补了中国近代史研究的一个空白。该书通过深入分析石油工业在政治、经济和社会变革背景下的发展轨迹，通过对技术、管理和市场等方面的深入探讨，使我们更加深刻地认识到中国现代石油工业是在艰难的困境中逐步壮大起来的。

（3）现代石油工业史的研究

《中国石油工业百年发展史》③ 是一部深入揭示中国石油工业发展历程的力作。该书运用辩证唯物史观，客观、公正、全面地展现了党领导下的中国石油工业化道路的成功实践。作者通过对历史资料的深

①　张叔岩. 20世纪上半叶的中国石油工业［M］. 北京：石油工业出版社，2001.
②　申力生. 中国石油工业发展史［M］. 北京：石油工业出版社，1984.
③　《中国石油工业百年发展史》编写组. 中国石油工业百年发展史［M］. 北京：中国石化出版社，2021.

入挖掘和细致分析，不仅展示了中国石油工业从小到大、从弱到强的艰难历程，更揭示了在这一过程中我国政策、科技创新等多方面因素的相互作用和影响。与此同时，陈正祥的《中国的石油》[①] 是一部详尽梳理和记叙中国石油工业发展历史的重要著作。该书按照时间顺序，系统性地介绍了中国石油工业的勘探、炼制、化工等各个方面。作者不仅着眼于中国石油工业的发展历程，还深入探讨了中国石油发展与世界石油产业的关系，为读者提供了全球视野下的石油工业发展图景。值得一提的是，陈正祥在书中第三章开始，着重论述了新中国成立后石油工业的发展历程。通过对不同地区和部门的分析，他全面展示了新中国成立后中国石油工业的巨大变革和其所取得的成就。这种分区域、分部门的梳理方式，使得读者可以更清晰地了解到中国石油工业在不同时期和地区的发展情况。此外，该书还在论述过程中突破了以往石油工业史的局限，不仅关注中国石油工业的内部发展，还深入研究了中国石油与国际环境的互动关系。这使得读者可以更全面地认识到中国石油工业在国际市场、技术合作和能源战略等方面的角色和地位。张明功、秦云松在《石油纵横》[②] 一书中，对中国现代石油发展进行了概述。这本书按照时间顺序，以生动丰富的数据和案例为依托，呈现了中国现代石油工业的进步和发展。这些数据和案例不仅增强了文章的说服力，也为中国石油工业的未来发展提供了有益的参考和借鉴。

---

① 陈正祥. 中国的石油 [M]. 香港：天地图书有限公司，1971.
② 张明功，秦云松. 石油纵横 [M]. 北京：石油工业出版社，2006.

（4）重要时间段石油发展史研究

抗日战争时期不仅是中华民族生死存亡的严峻时刻，也是石油工业发展的关键阶段。在这一时期，国共两党摒弃分歧，携手合作，共同抵御外敌入侵，展现了中华民族的团结与毅力。在抗日战争期间，陕甘宁边区的石油工业是在原有油矿的基础上逐步建立起来的，边区人民经历了艰苦努力和不懈奋斗，使得陕甘宁边区石油工业得以在自给经济建设和反封锁斗争中逐渐发展壮大。根据王晋林在《抗日战争时期陕甘宁边区的石油工业》[①] 一文中的描述可知，陕甘宁边区在抗日战争时期对石油工业的发展做出了重要贡献。边区政府采取了一系列有力措施，加强油矿勘探与开发，提高石油提炼技术，扩大石油产品的应用领域，推动了边区石油工业的恢复发展。这些措施的实施，为抗日战争的胜利提供了有力的物质保障。王继洲在《抗日战争与中国近代石油工业》[②] 一文中，深入探讨了抗日战争期间，中国近代石油工业发展的原因及其取得的显著成就。薛毅在《抗日战争与中国工业近代化》[③] 一文中，阐述了抗日战争时期中国工业的发展情况和发展特点，最终得出结论，中国要实现工业化，首先需要推翻帝国主义、封建主义等的反动统治，实现国家的统一和民族的独立，建立民主、自由的新的社会政治经济制度。

[①]　王晋林. 抗日战争时期陕甘宁边区的石油工业 [J]. 中国石油大学学报（社会科学版），2012，28（3）：74-79.

[②]　王继洲. 抗日战争与中国近代石油工业 [J]. 石油大学学报（社会科学版），1996（3）：53-55.

[③]　薛毅. 抗日战争与中国工业近代化 [J]. 抗日战争研究，2009（2）：5-14.

2. 从不同区域视角下对石油工业发展的相关研究

（1）以不同地域的石油工业发展划分

孙维跃在《近代新疆石油工业发展述略》[①] 的论述中，通过细致梳理近代新疆石油工业历史脉络，运用历史唯物主义观点，深入分析了其发展历程中的关键阶段及成败原因。同时，他亦对新疆石油工业的未来前景进行了展望。运用历史唯物主义理论，对近代新疆石油工业的发展脉络进行了详细梳理，他分析了新疆石油工业发展历程中的关键阶段，并深入探讨了其成败的原因。同时，他还展望了新疆石油工业的未来前景。此外，张秀允在《四川石油勘探开发述评（1936—1949）》[②] 论文中，依据对相关史料的查阅和分析，对国民政府资源委员会下属的四川油矿探勘处进行了系统性、深入性的研究。他重点关注了该机构的建立、勘探开发、人员及财务管理等各个方面，旨在揭示这一历史时期四川石油勘探开发的内在规律与特点，并为今天四川省乃至全国石油和天然气的勘探开发提供有益的历史借鉴。

（2）以不同油田、油矿的开发建设划分

刘羽燕的《胜利油田的开发建设研究（1961—1992）》[③] 论文以胜利油田自 1961 年至 1992 年的发展历程为轴心，深入剖析了其发展历程，并提炼出宝贵的历史经验。该指出，石油资源的开发利用在总体上极大地推动了中国的工业化进程，同时，国家的工业化建设也促进了石油工业的发展。梁严冰在《延长石油官厂成立述论》[④] 一文中，记

① 孙维跃. 近代新疆石油工业发展述略 [D]. 长春：吉林大学，2008.

② 张秀允. 四川石油勘探开发述评（1936—1949）[D]. 成都：四川师范大学，2008.

③ 刘羽燕. 胜利油田的开发建设研究（1961—1992）[D]. 北京：中共中央党校，2021.

④ 梁严冰. 延长石油官厂成立述论 [J]. 石油大学学报（社会科学版），2001（1）：30-34.

录了中国大陆第一口油井——延长石油官厂的创办过程，并深刻肯定了延长石油官厂在中国石油发展史中占据的重要地位，为我们了解中国石油工业的发展历程提供了宝贵的视角。屈春海在《清末延长油矿创办述略》① 一文中，在依据对相关资料的查阅和分析基础上，系统论述了清末时期陕西延长油矿的艰难创办过程。清末时期创办的延长油矿是我国近代石油工业的发端，在中国石油发展史上占有举足轻重的地位。吴蕾在《中国近现代五油工业的五座油矿》② 一文中，对中国近代石油工业发展中具有重要地位的 5 座油矿进行了详细介绍。这些油矿包括台湾苗栗油矿、延长油矿、玉门油矿、独山子油矿以及四川油矿。文中论述了这 5 座油矿的开采时间以及它们在近代石油发展史上的重要作用。通过对这些重要油矿的介绍，读者可以更全面地了解中国近代石油工业的发展历程，以及这些油矿在其中所扮演的角色和所做出的贡献。这对于研究中国石油工业的发展轨迹、探讨其影响因素以及总结经验教训都具有重要参考价值。大庆油田在中国石油发展史上具有举足轻重的地位。大庆油田的发现、开采和发展，不仅使中国摆脱了"贫油国"的帽子，更推动了中国石油工业的跨越式发展。关于大庆油田的历史，众多学者进行了深入的研究和探讨，何建明的《石油圣城——大庆 60 年纪事》③ 一书，以典型人物和重大事件为主线，通过生动的文字，以报告文学的形式生动展现了大庆油田的发现和开发过程，为我们更深入地了解中国石油工业的发展历程提供了宝贵的资料和视角。

---

① 屈春海. 清末延长油矿创办述略 [J]. 历史档案, 2005 (2)：92-95, 131.
② 吴蕾. 中国近现代石油工业的五座油矿 [J]. 石油知识, 2014 (1)：34-35.
③ 何建明. 石油圣城——大庆 60 年纪事 [M]. 北京：人民出版社, 2019.

（3）以不同公司的石油发展建设划分

该方面的研究主要以中国的三大国有石油公司，即中国石油天然气集团有限公司、中国石油化工集团有限公司、中国海洋石油有限公司的发展建设为主要内容。如中国石油天然气集团有限公司的《石油巨变：中国石油改革开放 40 年》① 记录了中国石油从下放企业自主权起步，从一亿吨石油产量包干改制，从着眼"油公司"建体，先后经历了三个阶段：1978 年至 1997 年，为探索试点、稳步实施阶段；1998年至 2012 年，为制度创新、持续重组阶段；2013 年至 2018 年，为全面深化、稳健推进阶段。在这三个阶段后，我国石油工业实现了从无到有、从小到大、从弱到强的跨越式发展，使中国石油成为国有企业对外开放的排头兵，成为在国际石油天然气市场一往无前的超级航母。《中国石化简史》② 记录了新中国石油石化工业的建立与发展，中国石油化工总公司成立于振兴石化，中国石油化工集团公司跨世纪发展，以及新时代新征程上的中国石化与高质量发展。《奋进 40 年——中国海油改革开放的闪亮记忆》③ 主要研究了中国海洋石油的发展历程。

3. 从不同领域角度下对石油工业发展的相关研究

（1）政治经济学角度

杨宇、夏四友、金之钧在《能源转型重塑地缘政治的逻辑与研究展望》④ 一文中，对能源与地缘政治之间的深厚联系进行了详尽的剖

---

① 中国石油天然气集团有限公司. 石油巨变：中国石油改革开放 40 年 [M]. 北京：石油工业出版社，2018.
② 《中国石化简史》编写组. 中国石化简史 [M]. 北京：中国石化出版社，2023.
③ 《奋进 40 年》创作组. 奋进 40 年——中国海油改革开放的闪亮记忆 [M]. 北京：石油工业出版社，2018.
④ 杨宇，夏四友，金之钧. 能源转型重塑地缘政治的逻辑与研究展望 [J]. 地理学报，2023，78（9）：2299-2315.

析，详细阐释了不同历史时期能源地缘政治所呈现的代际转换特征。作者围绕"关键矿产资源的竞争、可再生能源技术的博弈、地缘格局的重新塑造以及全球能源治理"四重维度，系统论述了能源转型如何重塑地缘政治的逻辑与路径。同时，文章还展望了未来能源转型地缘政治研究的四个前沿领域，为相关领域的研究提供了重要的参考和启示。张崇辉等人的《总体国家安全观下技术进步与能源替代能否降低石油对外依赖？——基于 IEA 国家的经验证据》[①] 基于总体国家安全观的新内涵，通过重构石油对外综合依赖测度体系，分解石油对外依赖的技术效应与替代效应，解析不同情景下技术进步与能源替代对降低石油对外依赖的作用，并据此提出差异化的石油对外依赖降低策略。

（2）能源安全与环境政策角度

许勤华在《新时代中国能源外交战略研究》[②] 中明确指出，中国在党和国家的顶层规划下，能源外交战略已迈入新的历史阶段。在面对百年未有之大变局，特别是面对反复震荡波动的国际能源市场环境和越发迫切的"双碳"目标需求，中国能源外交不仅很好地实现了维护国家能源安全，推动"双碳"进程的目标，还与国家总体能源战略和外交策略紧密配合，为新时代的深化改革和全球治理体系中的"中国方案"注入了新的活力。而潘家华在《"双碳"目标再解析：概念、挑战和机遇》[③] 一文中，对"双碳"目标的相关概念、面临的挑战和历史机遇等问题进行深入解读与探讨，深化和拓展了对"双碳"问题的

---

① 张崇辉，袁羚竞，苏为华. 总体国家安全观下技术进步与能源替代能否降低石油对外依赖？——基于 IEA 国家的经验证据 [J]. 统计研究，2023，40（9）：76-91.

② 许勤华. 新时代中国能源外交战略研究 [J]. 人民论坛·学术前沿，2023（13）：40-49.

③ 潘家华. "双碳"目标再解析：概念、挑战和机遇 [J]. 北京工业大学学报（社会科学版），2023：1-13.

认知与了解。并指出中国实现"双碳"目标，需要摒弃碳思维，充分释放零碳转型的增长动能，通过多路径优化集成，才能确保稳健前行，最终实现碳中和的宏伟目标。

（3）工业发展与战略布局角度

马超林在《新中国成立以来我国能源安全观及能源安全政策的历史演进》① 中详细阐述了自新中国成立以来，我国能源安全观念的演变过程。这一过程从最初的"自给自足"逐渐转变为"四个革命、一个合作"的能源安全新战略。与此同时，我国的能源安全政策也呈现出明显的阶段性特征。从新中国成立初期的"恢复重建能源工业"保障政策，到后来的充分利用国内外资源，实施"走出去"战略的能源安全"双保障"政策，再到当前构建的清洁低碳、安全高效的能源保障体系，都体现了我国能源安全政策的不断发展和完善。王作乾等人在《"一带一路"油气勘探开发合作成果与展望》② 一文中，回顾了我国石油企业在"一带一路"框架下的跨国油气勘探、开发合作所取得的显著成果，并总结了当前的合作现状。文章还深入分析了合作中所蕴含的潜力和所面临的机遇，针对中美博弈加剧、乌克兰危机影响外溢、国际投资合作环境日趋复杂、能源转型日益紧迫等挑战，提出了具体的战略方向和建议。石油外交战略方面，李昕在《中国石油外交模式探析——基于改革开放前三十年的思考》③ 中，通过对改革开放前三十年中国对外石油关系的分段研究，中国的对外石油关系并非孤立存在，

① 马超林. 新中国成立以来我国能源安全观及能源安全政策的历史演进［J］. 湖北社会科学，2023（2）：76-82.

② 王作乾，韦青，范喆，等. "一带一路"油气勘探开发合作成果与展望［J］. 中国科学院院刊，2023，38（10）：1534-1551.

③ 李昕. 中国石油外交模式探析——基于改革开放前三十年的思考［J］. 大庆师范学院学报，2013，33（4）：36-42.

亦非完全脱离政治安全领域的纯经济和技术关系。实际上，它构成中国外交理论与实践不可或缺的一部分，紧密嵌入中国外交战略目标的规划与实施中。在不同的历史时期，对外石油关系与外交战略目标呈现出内在的一致性，二者相辅相成，互为补充。

（4）石油精神角度

自大庆精神、铁人精神、石油精神提出以来，社会各界特别是理论和学术界对此的研究逐步深化，研究成果大量涌现，研究主要集中在大庆精神、铁人精神和企业文化的关系，石油精神的起源、内涵、作用与价值以及弘扬石油精神的实践探索等方面。《我为祖国献石油》[①]一书在理论和实践、历史和现实上，系统、全面地回顾和总结了中国石油战线精神和优良传统的形成，更加深入地认识石油精神和大庆精神传承和发扬的理论和实践，并思考了这三种精神在中国石油工业发展历程中的科学性、时代性、实践性，以及其对新时代发展石油工业积极的指导意义。《新时代石油精神和石化传统研究》[②] 一书从理论探索和实践剖析两个相互交叉的路径出发，从梳理石油精神和石化传统的发展脉络入手，探寻石油精神和石化传统的形成基础，阐释石油精神和石化传统的哲学意义，在此基础上，继而提出传承新时代石油精神和石化传统的实践路径。秦慧杰的《大庆精神、铁人精神：高扬在中国石油工业战线上的光辉旗帜》[③] 一书从孕育形成、丰富内涵、时代价值三方面阐述了大庆精神、铁人精神是怎样成为中国石油工业战线

---

① 《我为祖国献石油》编委会. 我为祖国献石油 ［M］. 北京：石油工业出版社，2023.

② 《新时代石油精神和石化传统研究》课题组. 新时代石油精神和石化传统研究 ［M］. 北京：中国石化出版社，2023.

③ 秦慧杰. 大庆精神、铁人精神：高扬在中国石油工业战线上的光辉旗帜 ［J］. 党建，2023（10）：39-41.

上的一面光辉旗帜的。王昆、傅殿戈所著的《新时代中国精神价值传承：铁人精神》① 一书梳理了铁人精神的形成、思想内涵、本质特征、时代价值，并阐述了铁人精神对国家石油战略安全、对践行社会主义核心价值观、对我党革命文化传承、对践行文化自信等方面的重要作用。综上所述，目前关于石油精神的研究已涉及多个方面，取得了一定的成果，为新时代石油精神的研究奠定了基础。

4. 从石油行业重要人物切入对石油工业发展的相关研究

（1）从宏观政策角度推动石油工业发展的国家领导人

余秋里同志在担任石油工业部部长期间，亲身经历了我国石油工业的蓬勃发展。他在《余秋里回忆录》② 一书中记录了我国石油工业当时所处的困境，还记录了党和国家为领导石油工业发展做出的一系列战略决策，更记录了广大技术人员和工人们在艰苦环境下不屈不挠、艰苦创业的光辉历程。该书通过余秋里同志的亲身体验和深刻洞察，梳理展现了中国石油工业发展的历史脉络和重大事件。另一方面，何建明的作品《奠基者》③ 生动描绘了独臂将军余秋里出任石油工业部部长的传奇经历，以及他领导五万大军在艰苦卓绝的松辽平原上开展大庆石油会战的壮丽篇章。这部作品不仅展现了余秋里同志的非凡魄力和坚定信念，更弘扬了我国石油工人英勇无畏、团结协作的崇高精神。此外，在赵天池根据原石油工业部副部长、总地质师阎敦实先生的口述回忆录所著的《大国石油梦》④ 一书中，阎敦实先生作为总地质师，

---

① 王昆，傅殿戈. 新时代中国精神价值传承：铁人精神［M］. 沈阳：东北大学出版社，2023.

② 余秋里. 余秋里回忆录［M］. 北京：人民出版社，2011.

③ 何建明. 奠基者［M］. 宁夏：宁夏人民出版社，2023.

④ 赵天池. 大国石油梦［M］. 天津：天津人民出版社，2013.

对新中国石油勘探的政策、方针及人事安排等内部情况有着深入了解。他不仅在管理层拥有丰富的经验和见解，还曾长期奋战在石油勘探一线，因此，他的个人回忆录既是对个人职业生涯的回顾，也是新中国石油勘探历程的宝贵记录，对于研究我国石油工业的发展历程具有重要意义。

（2）从石油专业角度推动石油工业发展的领军人物

翁文灏是近代中国备受尊敬的地质学家，不仅在国内外享有盛名，还对中国近代石油工业的发展做出了杰出贡献。在薛毅的《翁文灏与近代中国石油工业》① 一文中，详细记录了翁文灏一生在促进中国石油工业发展方面取得的成就。在薛毅的另一篇文章《孙越崎与近代中国石油工业》② 中，以中国近代石油工业的发展历程为背景，深入探讨了孙越崎对中国石油工业的重要贡献。作为 20 世纪中国著名的实业家和社会活动家，孙越崎成功地创办或领导了三家油矿，为中国石油工业的发展奠定了坚实基础。此外，黄汲清先生作为国际知名的地质学家，也在大地构造学、生物地层学等多个地质领域取得巨大成就，是我国地质事业的开拓者和奠基人之一。在庆祝黄汲清先生诞辰 100 周年之际，石宝珩撰写的《黄汲清先生对中国石油工业的贡献——纪念黄汲清先生诞辰 100 周年》③ 一文详细记述了他为中国石油工业所做出的杰出贡献。

---

① 薛毅. 翁文灏与近代中国石油工业 [J]. 石油大学学报（社会科学版），2005（1）：28-33.

② 薛毅. 孙越崎与近代中国石油工业 [J]. 石油大学学报（社会科学版），2002（4）：28-32.

③ 石宝珩. 黄汲清先生对中国石油工业的贡献——纪念黄汲清先生诞辰 100 周年 [J]. 石油学报，2004（2）：113.

（3）从石油精神层面推动石油工业发展的典型人物

孙宝范和卢泽洲的《铁人传》① 是纪念王进喜诞辰百年的专著之一，通过深入研究和考证史实，重新修订了王进喜的传记，全面展示了王进喜的生平和精神风貌。大庆精神研究会常务理事刘仁编著的《走近铁人》② 一书，通过精心策划的多个篇章，包括"铁人名言""铁人之最""铁人遗物""名人眼中的铁人""老战友与家人的回忆"以及"对铁人精神与文化的深度探索"等，运用质朴的文字，全面而深入地从不同维度和视角展示了铁人王进喜的独特人格魅力及其崇高的精神境界。郭岗彦编著的《铁人印记》③ 完整讲述了铁人王进喜的人生历程，阐述了铁人精神及其时代价值。《共产党人王进喜——看铁人是如何炼成的》④ 客观地展示了共产党人王进喜怎样从一名粗犷的钻工历练成具有坚定共产主义信仰的"铁人"的过程。

通过以上分析可以看出，国内学者对于石油工业发展的历程进行了广泛而深入的研究，取得了一系列重要的研究成果。这些研究成果有助于我们全面地了解中国石油工业的发展历程和现状，也为本书的研究提供了重要的参考和借鉴。同时，这些已有的研究成果也为推动中国石油工业的进一步发展提供了重要的理论支撑和实践指导。然而，我们也应该看到，目前的研究还存在一些不足之处，其中较少有全面系统研究中国共产党领导石油工业现代化发展的历程与经验的有关内容，没有发现从中国共产党领导的角度切入的相关研究，也没有突出

---

① 孙宝范，卢泽洲. 铁人传［M］. 北京：中国工人出版社，2023.
② 刘仁. 走近铁人［M］. 北京：石油工业出版社，2008.
③ 郭岗彦. 铁人印记［M］. 山东：中国石油大学出版社，2021.
④ 《共产党人王进喜》编委会. 共产党人王进喜——看铁人是如何炼成的［M］. 北京：石油工业出版社，2021.

党是如何领导石油工业发展的历程梳理，同时也缺乏在马克思主义理论视角下的深入研究。再者，对于一些具体的历史事件和人物的研究还不够深入；对于一些政策实施过程中的问题和挑战的探讨还不够全面；对于国际合作与竞争的研究还比较有限等。因此，本书的研究需要进一步加强理论创新和实践探索，不断完善和深化对中国共产党领导石油工业现代化的历程和经验的研究。

二、国外研究综述

随着石油工业的快速发展，国外学者对石油工业现代化的历程和经验也进行了广泛关注和研究。以下是对外国相关研究现状的概述和分析。

（一）石油工业发展历程方面

外国学者对于石油工业的发展历程进行了一定研究，探讨了不同历史时期石油工业的状况、特点和发展趋势。从全球化的视角出发，分析了中国石油工业在国际市场中的地位和作用。也有学者从政权的组织角度分析了石油工业发展中对应管理的政府部门的改革变化。比如，美国著名中国问题专家李侃如的《治理中国：从革命到改革》[①] 一书的第三部分指出政府机构多年来的变化较多，如负责石油、煤炭、电力和水利的各部门自 1949 年以来有时是各自独立的，有时又被以各种可行性极小的方式合并在一起。这些研究有助于我们更好地了解石油工业的发展历程和现状。

---

① 李侃如. 治理中国：从革命到改革 ［M］. 胡国成，赵梅，译. 北京：中国社会科学出版社，2010.

（二）石油工业的政治环境与国家政策作用方面

外国学者对于国家政府在石油工业发展中的政策和作用进行了深入研究。被誉为"能源领域的权威"的美国剑桥能源研究会主席丹尼尔·耶金（Danjd Yergin）在《石油大博弈：追逐石油、金钱与权力的斗争》① 一书中，以历史线为主轴，从 19 世纪下半叶石油的发现以及使用开始，深入剖析了各国政治、经济、战争等对于石油工业的影响；新加坡国立大学能源研究所首席研究员、英国皇家国际事务研究所（伦敦）副研究员菲利普·安德鲁斯-斯皮德（Philip Andrews-Speed）的《中国、石油与全球政治》② 一书，采用跨学科的研究方法，将能源政策问题与国际关系分析相结合，把作者对中国国内政策制定的了解与对国际关系的理解相结合，阐述了国内与国际因素如何相互作用，并影响中国政府及其石油公司国际行为的独到观点。强调了国内政策因素及能源部门路径依赖在决定中国政府及企业与能源有关的国际行为中的重要性。还有一些学者分析了中国政府的产业政策、技术创新政策以及环保政策等对于石油工业发展的影响。比如，菲利普·安德鲁斯-斯皮德的《中国能源治理：低碳经济转型之路》③，该书采用社会—技术转型和制度主义思想分析框架，研究中国能源治理问题，重点分析了中国的政治、社会和经济对中国能源行业发展及中国低碳经济转型的影响。美国的戴维·兰普顿（David Lampton）教授在著作

---

① 丹尼尔·耶金. 石油大博弈：追逐石油、金钱与权力的斗争［M］. 艾平，等译. 北京：中信出版社，2008.
② 菲利普·安德鲁斯-斯皮德，罗兰德·丹罗伊特. 中国、石油与全球政治［M］. 张素芳，何永秀，译. 北京：社会科学文献出版社，2014.
③ 菲利普·安德鲁斯-斯皮德. 中国能源治理：低碳经济转型之路［M］. 张素芳，王伟，刘喜梅，译. 北京：中国经济出版社，2015.

《中国力量的三面：军力、财力和智力》① 一书中以宏观的视角解读了中国崛起的力量以及改革开放给中国发展带来的巨大变化。这些研究有助于我们理解国家政府在石油工业发展中的角色和作用。

（三）石油工业的科技创新与人才培养方面

科技创新和人才培养是石油工业现代化的重要支撑，也是外国学者研究的重点。Paul Buhenga Masiko 等人撰写的 *Technology，human resource competencies and productivity in nascent petroleum industries：an empirical study*② 认为科技创新能力和人力资源在任何行业的生产力提高方面都发挥着至关重要的作用，通过建立结构方程模型发现了技术创新、人力资源和生产率之间的潜在关系。还有学者分析了石油工业在科技创新方面的政策和措施，探讨了科技创新对于石油工业发展的推动作用。另一些学者则关注了石油工业在人才培养方面的政策和措施，以及这些政策和措施对于企业竞争力和人才流动的影响。

（四）石油工业的国际合作与竞争方面

随着全球化的深入发展，中国石油工业在国际舞台上的地位和作用日益凸显。外国学者对于石油工业在国际合作与竞争中的地位、面临的挑战以及应对策略进行了相关研究。丹尼尔·耶金的《奖赏：石油、金钱与权力全球大博弈》③ 这本书对石油历史进行了全景式的扫描，深入探讨了石油与财富、权力之间的紧密联系，以及这种联系如

---

① 戴维·兰普顿. 中国力量的三面：军力、财力和智力 ［M］. 北京：新华出版社，2009.

② MASIKO P B，OLIKA P N，KAJJUMBA G W，et al. Technology，human resource competencies and productivity in nascent petroleum industries：an empirical study ［J］. Technological Sustainability，2022，1（2）：132-144.

③ 丹尼尔·耶金. 奖赏：石油、金钱与权力全球大博弈 ［M］. 北京：中信出版社，2016.

何影响世界经济、战争结果和国家命运。他还编著了《能源重塑世界》① 一书,深入探讨了能源如何成为政治和经济变革的驱动力,并预测了未来能源格局的演变,特别是在石油和天然气领域。还有一本《石油即政治》从石油企业的角度出发,揭示了石油工业是如何影响全球权力格局的。这本书深入剖析了石油企业在全球政治和经济中的重要作用,为读者提供了独特的视角。这些研究有助于我们理解中国石油工业在国际合作与竞争中的地位和作用,以及如何更好地应对国际市场的挑战。

外国学者在研究中国共产党领导石油工业现代化的历程和经验时,采用了多种研究方法。主要包括:1. 文献研究法:通过对相关政策文件、学术论文等文献资料的梳理和分析,深入了解中国石油工业发展的历史背景和政策环境;2. 实地调查法:通过实地走访中国石油企业、产业园区等,了解石油工业的实际发展状况和企业经营管理的实际情况,获取第一手资料;3. 比较分析法:通过比较不同国家石油工业发展的异同点,分析其中的原因和影响因素,总结中国石油工业发展的经验和教训;4. 数据统计分析法:通过收集大量的数据,进行定性和定量分析,了解中国石油工业发展的趋势和规律,评估政策实施的效果和企业的经营绩效。

通过以上分析可以看出,外国学者对中国共产党领导石油工业现代化的历程和经验进行了相关研究,并取得了一定的研究成果。然而,我们也应该看到,目前的研究还存在一些不足之处。例如,对于一些具体的历史事件和人物的研究还不够深入,对于一些政策实施过

---

① 丹尼尔·耶金. 能源重塑世界 [M]. 北京:石油工业出版社,2009.

程中的问题和挑战的探讨还不够全面，对于国际合作与竞争的研究还比较有限等。因此，未来的研究需要进一步加强理论创新和实践探索，不断完善和深化对中国共产党领导石油工业现代化的历程和经验的研究。

三、研究述评

（一）取得的成绩

目前，国内外学界对于现代化的研究已经有了一定的存量，对中国共产党现代化道路也有一定数量的不同角度的研究，但对于中国共产党领导石油工业现代化方面还未形成系统而全面的研究。

中国共产党领导石油工业现代化的历程和经验相关的研究述评如下。

第一，肯定中国共产党的领导地位。在研究过程中，学者们普遍认为中国共产党的领导是中国石油工业现代化进程中的关键因素之一。他们指出，中国共产党的政治领导、组织建设和思想引领为中国石油工业的发展提供了强有力的保障。同时，中国共产党始终坚持全心全意为人民服务的宗旨，积极推动经济社会发展，为石油工业发展奠定了坚实基础。

第二，分析政策环境与政府作用的影响。学者们分析了政府在石油工业发展中的政策和措施，包括产业政策、技术创新政策以及环保政策等。他们认为这些政策的制定和实施对于石油工业的快速发展起到了重要的推动作用。此外，学者们还关注了政府在资源开发和对外合作等方面的政策和措施，探讨了这些措施对石油工业发展的影响。

第三，强调科技创新与人才培养的重要性。学者们分析了石油工业在科技创新方面的政策和措施，探讨了科技创新对于石油工业发展的推动作用。他们认为科技创新能力的不断提升，为石油工业的发展提供了有力的支撑。同时，学者们也关注了石油工业在人才培养方面的政策和措施，以及这些政策和措施对于企业竞争力和人才流动的影响。

第四，重视国际合作与竞争的作用。学者们分析了石油工业在国际合作与竞争中的地位、面临的挑战以及应对策略。他们认为石油工业已经逐步融入全球能源市场，积极参与国际合作与竞争是实现可持续发展的重要途径之一。同时，他们也指出了石油工业在参与国际合作与竞争中面临的问题和挑战，并提出了相应的对策建议。

第五，研究方法多样化。学者们在研究过程中采用了多种研究方法，包括文献研究法、实地调查法、比较分析法和数据统计分析法等。这些方法的运用有助于深入了解中国石油工业发展的历史背景、政策环境、科技创新和人才培养等方面的情况。

（二）存在的问题

第一，缺乏中国共产党领导的视角下的历程梳理。对于中国共产党领导石油工业的发展历程的梳理尚未全面、系统。学界的研究大部分是从石油工业自身发展的角度对其进行历程的梳理。目前暂时没有发现突出中国共产党领导工业化道路发展的角度切入，以及突出党是如何领导石油工业发展的历程梳理。

第二，缺乏在马克思主义理论视角下，党领导石油工业发展取得经验成就的研究。根据关键词"党""石油"搜索的文章大多为企业管理视角下的成果宣传，但是对于党领导石油工业发展的相关研究较少。无论是对石油工业历程的梳理还是经验的总结，主要都集中在宣传方面，同时也缺少对新征程上中国石油工业发展的路径选择等方面较为科学、精准、系统的研究。

第三，缺乏对中国共产党领导石油工业发展的思想脉络、理论来源的系统研究和科学总结。从现有研究看，暂时没有发现特别针对中国共产党领导石油工业发展的思想脉络、理论来源的研究，另外虽然有涉及对中国共产党领导人的工业化思想演变、中国工业和道路的形成等方面的研究，但是总体上是相对孤立、分散的。中国共产党领导石油工业的思想是几代领导集体智慧的结晶，应该从思想的传承性，系统地梳理中国共产党领导石油工业发展思想的结晶，放到中国特色社会主义理论和道路的伟大事业中去思考。

研究中存在的上述不足，为本书系统研究党领导新中国石油工业发展留下了广阔的探索空间。

第三节　现代化相关概念及理论

一、相关概念

（一）现代化

现代化是一个具有人类共同价值的概念，代表着一个多层次、多阶段的历史过程。由于世界各国的历史背景、地缘政治、国情制度等方面的不同，现代化的起步方式、演进模式、阶段标准都不尽相同，因此学术界对现代化的概念及含义尚未取得统一的认识。但一般而言，在形成共同的一个倾向性的认识，即现代化是工业化的推动下随之产生的一种社会变迁与政治改良，是从一个以农业为基础的传统社会向以科学技术为主的、工业化的高级社会演变的过程。

学界普遍认为，一方面，现代化是一个综合性的概念。从研究领域视角而言，现代化分为政治现代化、经济现代化、社会现代化、文化现代化、生态现代化等。这些方面相互关联、协同发展，共同构成了一个完整的现代化体系。总体而言，现代化是一种现代性状态，其中政治、经济、社会、文化和生态等各个领域相互补充、相互促进。另一方面，现代化也是一个动态的概念。它既是人类社会历史演进的客观过程，也是其最终追求的目标。在这场持续的变迁运动中，"（发展中国家）要么成为现代化国家，要么维持现代性的传统"①。

对现代化的理解，马克思（Marx）曾在《资本论》中强调："工业较发达的国家向工业较不发达的国家所显示的，只是后者未来的景象。"② 西方学者普遍认同马克思的这一卓越见解，它深刻揭示了落后国家在法治建设和工业化进程中所面临的关键问题。现代化是一个多维度的复杂概念，涵盖社会、经济、文化、政治等各个层面。从经济现代化的视角出发，现代化可以被理解为一个国家或社会由传统的农业经济逐渐转变为现代工业经济的过程。这个过程涉及生产方式、生产关系、社会结构、文化价值等方面的深刻变革。经济现代化是现代化的核心，它涉及生产力的提高、产业结构的升级、经济体制的改革等方面。经济现代化的发展历程可以分为以下几个阶段。一是工业化阶段。这个阶段主要是通过引进和学习国外的先进技术，建立和发展

① S. N. 艾森斯塔德. 现代化：抗拒与变迁 [M]. 北京：中国人民大学出版社，1988：1.
② 中共中央马克思恩格斯列宁斯大林著作编译局. 马克思恩格斯文集：第5卷 [M]. 北京：人民出版社，2009：8.

本国的工业体系。工业化是现代化的基础，它为国家的经济发展提供了强大的动力。二是城市化阶段。随着工业化的发展，大量的人口从农村转移到城市，城市化成为现代化的重要标志之一。城市的发展为人们提供了更好的就业机会和生活条件，同时也带来了城市规划和管理的挑战。三是市场化阶段。市场化是指建立和完善市场经济体制的过程。在这个过程中，企业逐渐成为市场经济的主体部分，而市场则在资源配置中起到了决定性的作用。市场化有利于提高效率和促进经济发展。四是国际化阶段。国际化是指积极参与国际经济合作和竞争的过程。在这个过程中，国家需要加强对外开放，吸引外资和先进技术，同时也要推动本国企业走向世界市场。国际化有利于提高国家的国际竞争力和影响力。经济现代化的过程需要政府、企业和社会各界的共同努力。政府需要制定科学的经济政策和发展战略，加强基础设施建设，推动科技创新和人才培养等方面的工作。企业需要加强自身管理和技术创新，积极参与市场竞争和国际合作。社会各界需要加强监督和参与，促进经济发展和社会进步。现代化是一个长期的过程，需要持续不断地努力和创新。只有通过不断学习和创新，才能推动现代化进程不断向前发展。

（二）石油工业

石油工业是从事石油勘探、石油开发、石油加工的能源和基础原材料生产行业。从 19 世纪下半叶开始，人类进入石油时代。作为能源，"石油是现代文明的精神动脉，没有石油，维持这个文明的一切工具，便告瘫痪"①。1983 年，第十一届世界石油大会提出的推荐方案指出，

---

① 陈鸿璠. 石油工业通论 ［M］. 北京：石油工业出版社，1995：1.

石油是气态、液态和固态的烃类化合物，具有天然的产状；原油是石油的基本类型，存于地下储集层内，在常温和常压条件下呈现液态。天然气也是石油的主要类型，处于地下储集层或溶解在原油内，在常温和常压条件下呈气态。[①] 原油、天然气、沥青在成因上相互联系，所以人们通常将之统称为"石油"。通常而言，石油工业主要指的是石油勘探和开发。石油勘探活动具有显著的高风险性和长期性。在一个被认为具有油气开发潜力的地区，从初步的勘探到油田的发现，再到形成稳定的生产规模，这整个过程往往需要历经9年的时间。随着勘探工作的推进和油田采收率的提升，油气生产的难度和复杂性也会相应增加。为了应对这些挑战，就必须不断引入新技术、新工艺和新装备，以全面提升采收效率。石油勘探开发具备的这些特点也使得石油工业成为一个高风险、高投入、所需技术密集的能源行业。中国现代石油工业，涉及多领域、多学科、多行业，是国家综合国力的重要组成部分和集中体现。

中国发现和利用石油、天然气的历史悠久。勤劳智慧的中国人在与大自然的斗争中创造了领先于世界的中国古代石油业。中国近代石油工业由于受社会制度因素的制约，远远落后于世界发达国家，这是不争的事实，但它毕竟为新中国成立后石油工业的起飞奠定了框架基础。"一部艰难创业史，百万覆地翻天人"[②]，中国现代石油工业史是一部坚持独立自主、自力更生、艰苦创业的创业史；是一部坚持不断探索与创新发展，勇于赶超世界石油科技先进水平的创新史；是一部坚

---

① 陈鸿瑶. 石油工业通论 [M]. 北京：石油工业出版社，1995：1.
② 1984年2月13日，中共中央总书记胡耀邦视察胜利油田时，为石油战线职工题词："一部艰难创业史，百万覆地翻天人。"

持正确的政治路线，为国民经济和社会发展不断做出贡献的发展史。中国石油工业的现代化发展，是中国共产党领导建设社会主义伟大事业的伟大成就。

（三）石油工业现代化

石油工业现代化是在中国式现代化的基础上提出的，代表着在中国式现代化进程中石油工业这一行业的现代化进程。石油工业现代化的进程与中国式现代化的发展进程步调一致。

石油工业现代化是中国共产党带领石油工业发展实现的伟大创造，石油工业的现代化是在中国式现代化的前提下发展的。习近平总书记曾提出："当代中国是历史中国的延续和发展。"① 从这个角度来说，近代以来中华民族历史发展的主线就是中国式现代化的发展。再者而言，中国历史和党的百年奋斗史本质上也是探索现代化道路以实现民族复兴的历史，而石油工业的现代化正是在这样的历史背景下应运而生，与中国式现代化交相辉映、互相促进、共同发展。

石油工业现代化是一个重要的研究领域，涉及技术、管理、环境和社会等多个方面。近年来，随着数字化、智能化技术的快速发展，石油工业现代化取得了一定的进展。技术现代化是石油工业现代化的核心。目前，许多石油企业正在积极推行数字化转型，应用大数据、人工智能等技术提高勘探和预测的精准度，降低开采成本。此外，通过智能钻井和生产技术，可以提高开采效率和降低成本。同时，环境可持续性也是石油工业现代化的重要方面，石油企业正在采取措施减少碳排放、降低污染、节约资源和能源，实现绿色发展。在管理方面，

① 习近平. 在纪念孔子诞辰 2565 周年国际学术研讨会暨国际儒学联合会第五届会员大会开幕会上的讲话 [M]. 北京：人民出版社，2014：12.

石油企业正在推行精益管理、全面质量管理等先进的管理理念和方法，以提高运营效率和质量。此外，数字化和智能化技术的应用也为石油企业的管理提供了更高效、精确的手段。产业链协同也是石油工业现代化的重要方面。为了实现整体效率的提高和资源的优化配置，需要加强产业链各环节的协同。目前，许多石油企业正在通过数字化和智能化技术实现产业链各环节的互联互通和数据共享。

最后，石油工业现代化也面临着一些挑战。例如，石油企业需要积极履行社会责任，加强与社区的沟通和合作，实现可持续发展。同时，随着环保要求的提高，石油工业也需要不断改进技术和方法，以适应新的环保要求。总之，石油工业现代化是一个复杂而重要的研究领域。通过技术、管理、环境和社会的协同发展，可以实现石油工业的高效、安全、环保和可持续发展。未来，需要进一步加强技术研发和管理创新，以应对不断变化的挑战和机遇。

石油工业现代化是一个复杂的过程，它涉及技术、管理、环境和社会等多个方面。石油工业现代化旨在提高效率、降低成本、增强竞争力并实现可持续发展。它需要全面推进技术现代化、管理现代化、组织现代化和环境现代化等方面的研究和探索。技术现代化是基础，管理现代化是关键，组织现代化是保障，环境现代化是要求。通过技术创新、数字化和智能化、环境可持续性、产业链协同和人力资源管理等方面的研究和实践，可以实现石油工业的高效、安全、环保和可持续发展。石油工业现代化理论及相关研究主要探讨了如何实现石油工业的现代化，以提高效率、降低成本、增强竞争力并实现可持续发展。

总体而言，石油工业现代化是一个多维度的过程，需要技术、管

理、环境和社会的协同发展。目前，数字化、智能化技术的广泛应用
为石油工业现代化提供了重要的机遇。未来，随着技术的不断进步和
环保要求的提高，石油工业将面临更多的挑战和机遇。因此，需要进
一步加强技术研发和管理创新，以实现高效、安全、环保和可持续发
展的目标。

二、马克思、恩格斯的现代化理论

现代化是人类社会发展中的一个历史转型过程。马克思和恩格斯
（Engels）认为，现代化是一个历史过程，在他们所处的 19 世纪的欧洲
发生着"工业化社会的历史巨变"①，工业革命的开启标志着现代生产
力方式的划时代发展，推动了人类社会朝着现代化方向迈进，这种转
变是人类社会从传统农业社会向现代工业社会的转型。这个过程涉及
生产方式、生产关系、社会结构、文化和价值观等多个方面的变革。
在马克思和恩格斯的著作中，现代化被描述为一个长期的过程，是资
本主义生产方式发展的必然结果。马克思和恩格斯认为，现代化与资
本主义生产方式有着密切的关系。资本主义生产方式的出现，导致了
生产力的快速发展和社会关系的深刻变革，从而推动了现代化的进程。
同时，现代化也为资本主义生产方式的发展提供了基础和条件。在马
克思和恩格斯的观点中，现代化和资本主义生产方式是相互促进、相
互依存的关系。马克思和恩格斯认为，现代化对社会的影响是深远而
广泛的。首先，现代化创造了前所未有的社会财富，提高了人们的生
活水平，推动了人类社会的进步。其次，现代化也导致了社会关系的

---

① 波兰尼. 巨变：当代政治与经济的起源［M］. 黄树民，译. 北京：社会科学文献出版
社，2013：3.

深刻变革，使社会结构更加复杂，阶级关系更加紧张。最后，现代化还带来了文化和价值观的变革，人们对自由、平等、民主等价值观的认识更加深入。

现代化面临着需要解决的矛盾和问题。尽管马克思和恩格斯认为现代化是一个积极的历史过程，但他们也指出了现代化所面临的矛盾和问题。其中最主要的是资本主义基本矛盾，也就是生产社会化与生产资料私有制之间的矛盾，"现代社会就在这一切矛盾中运动，而大工业把它们明显地暴露出来了"①。这个矛盾导致了资本主义市场经济的不稳定性和周期性危机，阻碍了现代化的进一步发展。此外，现代化还面临着环境问题、社会不平等问题。马克思和恩格斯认为，现代化的发展前景取决于社会各个方面的实际情况和历史条件。他们指出，在某些条件下，资本主义市场经济可以克服自身的不稳定性，实现自我调节和发展。同时，他们也认为，在一定条件下，社会主义市场经济可以更好地适应生产力发展的需要，克服资本主义市场经济的局限性和矛盾。在马克思和恩格斯的观点中，社会主义市场经济是现代化的一个重要发展方向。

科学预言现代化的前途命运。马克思和恩格斯对现代化相关理论进行了深入的探讨。作为现代化的见证者和参与者，他们对现代化进行了系统总结和深入反思，科学预见了现代化的内在矛盾和可能的发展走向。马克思和恩格斯提出的现代化相关概念涵盖了现代资产阶级社会、现代国家政权、现代大工业、现代生产力、现代生产关系等。马克思指出，现代生产方式初期——工场手工业时期，主要是集中在

---

① 中共中央马克思恩格斯列宁斯大林著作编译局. 马克思恩格斯文集：第3卷 [M]. 北京：人民出版社，2009：565.

具备现代生产条件的地区。他对大工业创造的全球市场和城市进行了描述,称之为"现代化的世界市场"①和"现代化大工业城市",这反映了在现代化过程中所呈现出的经济全球化和城市化特征。恩格斯在《德国的革命和反革命》中,探讨了英国经济现代化对德国的深远影响。他指出,德国的旧工业因采用蒸汽动力和英国工业的快速扩张而遭受重创,凸显了现代化对传统产业和经济结构的颠覆性影响。马克思和恩格斯认为,现代化不仅为人类社会的发展带来了前所未有的财富,也极大释放了人类社会生产力的活力,极大推动了人类对自然更深层次的征服,深刻改变了社会关系。他们认为,现代化首先是资产阶级文明发展的显著成果,通过推动生产社会化、科技进步、社会分工、世界市场的形成等现代化要素,彻底颠覆了传统社会结构,从根本上改变了人类的生产关系和生活方式。通过废除束缚生产力的传统制度,如城市行会制度,实现了"历史的过程使在此以前联系的因素分离开"②,现代化使农民从土地的依附中解放出来,成为雇佣工人,从而促进了城市化和工业化的发展。随着16世纪新航路的开辟,世界市场得以拓展,各地区形成了更加紧密的经济联系。

马克思和恩格斯的现代化理论具有重要的意义。首先,他们的理论为认识和理解现代化提供了重要的思路和方法。其次,他们的理论为社会主义市场经济的发展提供了理论基础和实践指导。最后,他们的理论对于认识当今世界的发展趋势和问题具有重要的启示意义。

综上所述,我们可以清晰地看到,马克思和恩格斯的现代化理论

---

① 中共中央马克思恩格斯列宁斯大林著作编译局. 马克思恩格斯全集:第3卷 [M]. 北京:人民出版社,1960:68.

② 中共中央马克思恩格斯列宁斯大林著作编译局. 马克思恩格斯文集:第8卷 [M]. 北京:人民出版社,2009:156.

为我们揭示了现代社会发展的内在规律，这有助于我们准确理解和区分人类社会现代化进程中的普遍性与特殊性。虽然在马克思和恩格斯的原著中并没有直接出现"现代化"一词，但现代化现象和事实的存在是不容置疑的。马克思恩格斯的现代化思想既源自 19 世纪他们所处时代经济社会发展的实践，又对当时先进的经济哲学思想进行了批判继承，还具有科学的理论基础。

（一）马克思、恩格斯现代化的一般性分析

现代化是一个复杂的社会转型过程，它涵盖了经济、政治、文化及社会等各个方面。马克思和恩格斯作为 19 世纪欧洲颇具影响力的哲学家与革命家，通过深入研究现代资本主义社会的发展规律，形成了对现代化的一般性分析。他们认为，尽管各国现代化的历程、特征、道路都不尽相同，但实现现代化的必由之路具有一定的关联统一性，如现代化的基本要素、历史作用、现代化的模式等。

1. 现代化的基本要素

（1）现代化的物质基础是大工业。马克思和恩格斯认为，大工业不仅是现代化的本质特征，而且是推动社会变革和创造现代生产力的关键因素，现代化的实现前提就是实现工业化。大工业促使了市民社会的变革，随着工业化的推进，城市化进程的不断加速，生产力的极大提高，社会经济的快速发展，无论是精神文化知识还是人类社会关系、生活方式"无不在这一革命的影响下发生某些变化"①。此外，需要进一步说明的是，大工业的根本立场在于自由竞争，可以说工业革命的核心动力之一就是自由市场经济的崛起，这种经济发展模式突破

---

① 中共中央马克思恩格斯列宁斯大林著作编译局．马克思恩格斯文集：第 1 卷［M］．北京：人民出版社，2009：87.

了原有的封闭状态，将各国、各民族紧密联系在一起。自由贸易的推动打破了国界壁垒，促进了资源、技术和人才的跨国流动，为现代世界市场的形成与发展奠定了基础。

（2）现代化的必然产物是世界市场。马克思恩格斯认为现代生产力引起了世界性的历史变革，也就是当现代化发展到一定程度，人类历史将转变成为"世界历史"①。在世界市场的推动促进下世界历史逐步形成，因此，"现代化也是一个全球化的过程"②。随着世界市场的形成，各国在物质和精神层面的交流日益趋向全球化的发展。全球化的深入发展不仅仅在经济领域呈现出明显的影响，而且在文化、政治等多个层面都推动了世界各国的相互依存和联系，形成了一个统一的整体，"结合为一个拥有统一的政府、统一的法律、统一的民族阶级利益和统一的关税的统一的民族"③。

（3）现代化的驱动力是科技创新。马克思和恩格斯明确指出，科学技术作为一股强大的"革命力量"，在18世纪引发了以蒸汽机为标志的工业革命，为人类社会的全面变革奠定了坚实基础。由此，他们得出结论，科学技术是现代化进程中的核心驱动力。一方面，科技革命对于社会形态的变革起到了关键的推动作用。科学技术在生产领域的革命性进步，使"生产关系也随之发生革命"④。另一方面，科技创

---

① 中共中央马克思恩格斯列宁斯大林著作编译局．马克思恩格斯文集：第8卷［M］．北京：人民出版社，2009：34.
② 邱佛梅，吴定海．世界现代化的发展经验、一般规律与中国方案［J］．深圳社会科学，2024，7（2）：17-29.
③ 中共中央马克思恩格斯列宁斯大林著作编译局．马克思恩格斯文集：第2卷［M］．北京：人民出版社，2009：36.
④ 中共中央马克思恩格斯列宁斯大林著作编译局．马克思恩格斯文集：第8卷［M］．北京：人民出版社，2009：341.

新是提升生产力水平的关键因素。随着科技创新的不断推进，生产效率得到了显著提升，同时也推动了世界市场的形成与发展。

2. 现代化的历史作用

马克思和恩格斯的现代化观点具有重要的理论和实践意义。首先，他们的观点为深入理解现代化的本质和内涵提供了重要的理论指导。他们从多个角度分析了现代化的内在规律和发展趋势，帮助我们全面认识现代化的复杂性。其次，他们的观点为探索现代化的道路提供了重要的思想武器。他们强调现代化的过程需要克服资本主义的矛盾和弊端，实现经济、政治、文化和社会等方面的全面发展。这为中国共产党探索石油工业现代化道路提供了重要的思想基础。最后，马克思和恩格斯的现代化观点具有重要的现实意义。当前，世界各国都在加快现代化进程，但现代化的道路各不相同。通过借鉴马克思和恩格斯的观点，可以更好地把握现代化的规律和发展趋势，探索符合自身国情的石油工业现代化道路。在马克思和恩格斯的具体论述中，现代化的历史作用，具体表现在以下几个方面。

（1）现代化是传统农业社会转向现代工业社会的基础。根据马克思和恩格斯的理论，现代化可以被看作从传统社会向现代社会转变的一个历史过程。伴随着工业革命的发展，传统农业社会的生产方式、交换方式等多个方面经历了深刻变革，进而逐步演进为现代工业社会。因此，现代工业社会产生的基础就是现代化。

（2）现代化促进社会生产力取得巨大发展。在马克思主义视域下，人类社会从传统向现代化转变的核心驱动力在于生产力的大力发展。

这种现代化进程不仅"造成了大量的生产力"①，而且极大地推动了社会生产力的跨越式发展。马克思和恩格斯明确指出，大工业不仅孕育了现代生产力，也推动了社会生产力水平实现质的飞跃。

（3）现代化促进现代民族国家政治职能不断完善。随着现代化的进程，现代民族国家也随之产生，正如恩格斯论述的："中世纪末期以来，历史就在促使欧洲形成各个大的民族国家。"② 但因各民族国家的工业水平存在差异，导致现代化的实现程度也不同，这种差异在区域层面以民族国家为单位体现得尤为明显。同时，随着现代化进程的不断推进，经济、社会、政治、文化等方面都经历了深刻的变革，这些变革也构成了国家体制转型的核心内容。

（4）现代化创造人类社会新文明。在社会现代化的进程中，新的文明替代了传统社会，步入了人类社会文明的新时代。马克思认为："'现代社会'就是存在于一切文明国度中的资本主义社会。"③ 因此，马克思和恩格斯认为，资本主义社会率先实现的现代化文明，是创造人类社会新文明的途径。他们进一步指出，随着现代化的逐步推进，必将催生更高形态的文明。

（5）现代化促进人的发展进步。马克思深刻洞察到个人发展与解放以及人类社会现代化进程之间的紧密联系，并将它们视为一个整体的历史发展过程。现代化的过程最终使"地域性的个人转变为世界历

---

① 中共中央马克思恩格斯列宁斯大林著作编译局．马克思恩格斯文集：第1卷［M］．北京：人民出版社，2009：566．

② 中共中央马克思恩格斯列宁斯大林著作编译局．马克思恩格斯全集：第21卷［M］．北京：人民出版社，1965：46．

③ 中共中央马克思恩格斯列宁斯大林著作编译局．马克思恩格斯文集：第3卷［M］．北京：人民出版社，2009：444．

史性的，经验上普遍的个人所代替"①，这一过程不仅体现了人类社会的进步，更彰显了个人自由而全面发展的价值追求。因此，现代化不仅是社会发展的必然趋势，更是促进人的全面发展和进步的重要途径。

3. 现代化的发展模式具有多样性

实现现代化是人类社会发展的一般趋势。马克思、恩格斯揭示了这种现代化的历史潮流，同时也对实现现代化的一些国家进行深入的研究对比分析，并得出结论，现代化的发展模式并不只有一种模式，而是具有多样性的。首先，他们指出实现现代化的先驱国家是英国。恩格斯从社会革命视角指出，英国的工业革命率先促使市民社会发生变革，"英国是发生这种变革的典型地方"②。同时，马克思也在《资本论》中提到，要以资本主义制度发展最为成熟的英国社会为出发点，来阐述现代化的发展趋势，"到现在为止，这种生产方式的典型地点是英国"③。其次，现代化在全球的拓展是一种必然的历史潮流。首先实现现代化的国家成为后来者现代化发展的景象，现代化规律成为具有"铁的必然性"④ 的世界发展趋势。最后，世界现代化的发展具有多样性。现代化虽然由西方资本主义发起实现，但不代表现代化只有这一种范式，在不同的国别和制度下，现代化的模式具有多样性。

总而言之，马克思和恩格斯认为现代化是一个经济、政治、文化

---

① 中共中央马克思恩格斯列宁斯大林著作编译局 . 马克思恩格斯文集：第1卷 ［M］. 北京：人民出版社，2009：538.

② 中共中央马克思恩格斯列宁斯大林著作编译局 . 马克思恩格斯文集：第1卷 ［M］. 北京：人民出版社，2009：388.

③ 中共中央马克思恩格斯列宁斯大林著作编译局 . 马克思恩格斯文集：第5卷 ［M］. 北京：人民出版社，2009：8.

④ 中共中央马克思恩格斯列宁斯大林著作编译局 . 马克思恩格斯文集：第5卷 ［M］. 北京：人民出版社，2009：8.

和社会等多个方面交织的过程，需要人们从多个角度去理解和把握。通过对现代化的一般性分析，可以说现代化本质上源于社会生产力和生产关系的相互作用，它反映了全球发展的主流趋势和不可逆转的历史进程。马克思与恩格斯关于现代化的观点，不仅为深入探索现代化的核心意义与内在逻辑提供了坚实的理论支撑，也为牢牢把握资本主义制度下现代化的特有规律奠定了基础。

（二）马克思、恩格斯关于资本主义现代化的辩证分析

马克思和恩格斯深入研究了资本主义制度及其现代化进程。在他们的理论中，通过对资本主义现代化过程的辩证分析，对其分别进行了肯定与批判。他们认为资本主义现代化是一个充满矛盾和冲突的过程，既有推动社会发展的积极作用，也存在许多问题和局限性。

1. 资本主义现代化的积极作用

（1）促进生产力发展。马克思和恩格斯认为，资本主义现代化是生产力和生产关系变革的过程。资本主义制度下，生产资料的私有制激发了人们的生产积极性和创新精神，资本主义现代化"比过去一切世代创造的生产力还要多"[1]，推动人类将先进的科学技术有效转化为强大的生产力，以促进社会经济的持续发展和进步。现代化进程中的技术革新和工业化生产使得社会生产力得到了极大的提升，逐步建立了"现代化的城市"[2]，为人类社会创造了巨大的物质财富。

（2）推动全球化进程。资本主义现代化进程中，伴随着商品、资本和人员的跨国流动，全球化趋势逐渐显现。马克思和恩格斯在他们

① 中共中央马克思恩格斯列宁斯大林著作编译局．马克思恩格斯文集：第2卷［M］．北京：人民出版社，2009：37.
② 中共中央马克思恩格斯列宁斯大林著作编译局．马克思恩格斯全集：第39卷［M］．北京：人民出版社，1974：111.

的著作中提到了世界市场的形成以及国际分工的深化，认为资本主义通过开辟"现代化的世界市场"①，跨越了地域界限，推动了资本主义世界经济体系的建构，助力了全球化的步伐。他们认为这些现象是资本主义现代化发展的必然趋势。

（3）促进社会结构变革。资本主义生产方式促进了社会在经济和政治层面上的深刻变革，并确立了资产阶级在国家经济和政治生活中的主导地位。工业革命的爆发动摇了传统社会的稳定，导致人们与传统社会的一切彻底"脱离"②。在这一过程中，传统的社会阶层和结构逐渐瓦解，而新的社会阶层和结构则逐渐形成，进而催生出一个更加强大的阶级，"一个新的更强大的资产阶级诞生了"③。资产阶级通过"夺取世界市场"④，不断积累社会财富，逐渐壮大自身力量。随着其经济实力的增强，"国家必须服从它的经济利益"⑤，从而使得资产阶级能够进一步巩固其政治统治。最终，资产阶级通过革命手段建立了现代的代议制国家，成功夺取了政治话语权和统治权。

2. 资本主义现代化的局限和问题

（1）阶级矛盾的加剧。马克思和恩格斯深入剖析了资本主义现代化进程中，资本主义私有制所引发的日益加剧的阶级矛盾。资本家与

① 中共中央马克思恩格斯列宁斯大林著作编译局. 马克思恩格斯全集：第3卷 ［M］. 北京：人民出版社，1960：68.
② 中共中央马克思恩格斯列宁斯大林著作编译局. 马克思恩格斯文集：第1卷 ［M］. 北京：人民出版社，2009：390.
③ 中共中央马克思恩格斯列宁斯大林著作编译局. 马克思恩格斯全集：第7卷 ［M］. 北京：人民出版社，1959：252.
④ 中共中央马克思恩格斯列宁斯大林著作编译局. 马克思恩格斯全集：第7卷 ［M］. 北京：人民出版社，1959：252.
⑤ 中共中央马克思恩格斯列宁斯大林著作编译局. 马克思恩格斯文集：第2卷 ［M］. 北京：人民出版社，2009：33.

工人之间的利益冲突导致了剥削和压迫的加剧，使两者之间的关系从雇佣关系逐步变成"统治关系和奴役关系"①，使得社会不平等现象愈演愈烈。他们认为，以自由竞争为运行机制的资本主义现代化使社会阶级两极分化，而自由竞争的本质是"对廉价劳动力的无限制剥削"②，使财富不断向资产阶级汇集，进一步促使阶级两极分化。因此，阶级矛盾是资本主义制度的本质特征，是资本主义现代化的重要局限。

（2）经济危机的频发。马克思、恩格斯指出，"资产阶级赖以形成的生产资料和交换手段是在封建社会里造成的"③，也就是说资本主义的生产方式出现在前，资本主义社会出现在后，但这种资本主义生产方式"创造了如此庞大的生产资料和交换手段"④，促使现代化水平逐步提高，进而"同资本主义生产方式对它的种种限制发生冲突了"⑤。以资本逻辑为主导的资本主义现代化进程中，资本不断追求生产力的无限制提升。然而，这种提升与社会经济结构的矛盾冲突日益凸显，从而引发经济危机的频繁发生，给整个社会带来了严重的冲击和巨大的经济损失。马克思和恩格斯认为，经济危机是资本主义制度的必然产物，是资本主义生产方式内在矛盾的体现。他们指出，经济危机暴露了资本主义制度的局限性和脆弱性，使得资本主义现代化的可持续

---

① 中共中央马克思恩格斯列宁斯大林著作编译局. 马克思恩格斯文集：第10卷［M］. 北京：人民出版社，2009：667.
② 中共中央马克思恩格斯列宁斯大林著作编译局. 马克思恩格斯文集：第5卷［M］. 北京：人民出版社，2009：547.
③ 中共中央马克思恩格斯列宁斯大林著作编译局. 马克思恩格斯文集：第2卷［M］. 北京：人民出版社，2009：36.
④ 中共中央马克思恩格斯列宁斯大林著作编译局. 马克思恩格斯文集：第2卷［M］. 北京：人民出版社，2009：37.
⑤ 中共中央马克思恩格斯列宁斯大林著作编译局. 马克思恩格斯文集：第3卷［M］. 北京：人民出版社，2009：548.

性受到怀疑。

（3）生态环境的破坏。资本主义现代化进程中，伴随着工业化和城市化的发展，生态环境的破坏问题逐渐凸显出来。在资本主义制度下，"在实现'现代化'的'世界历史'进程中，形成了以科技进步而无限扩大人类控制自然、征服自然能力的信念"，正如孙正聿在他的著作中指出的那样，这种信念"表现出对持续发展的强烈愿望与自信，形成了'大量生产、大量消费、大量废弃'的'现代性'的存在方式"①。马克思和恩格斯也在他们的著作中提到了自然资源被过度开发和环境的污染问题，他们认为，这些现象对人类的生存和发展构成了严重的威胁，"这是人类为资本主义现代化付出的沉重代价"②，也是资本主义现代化所带来的重要问题之一。随着经济的快速增长和工业化的加速推进，环境污染、资源枯竭、生态破坏等问题日益突出。这些问题不仅影响着人类的健康和生存环境，也威胁着整个地球生态系统的稳定与可持续发展。为了解决这些问题，人们需要重新审视现代化进程中的发展模式与价值取向，探索可持续发展的新路径。

综上所述，在资本主义制度的助力下，资本主义制度通过其建立的世界性联系体系，无疑推动了全球范围内的现代化进程。然而，随着时间的推移，资本主义制度的历史局限性逐渐浮现，正如马克思和恩格斯所指出的那样，"资产阶级的关系已经太狭窄了，再容纳不了它本身所造成的财富"③。这一论断揭示了资本主义内在矛盾的本质，即

---

① 孙正聿. 现代化与现代化问题：从马克思的观点看 [J]. 马克思主义与现实，2013（1）：18-21.

② 岩佐茂. 环境的思想与伦理 [M]. 冯雷，李欣荣，尤维芬，译. 北京：中央编译出版社，2011：1.

③ 中共中央马克思恩格斯列宁斯大林著作编译局. 马克思恩格斯文集：第2卷 [M]. 北京：人民出版社，2009：37.

财富集中于少数人手中，而大多数人则处于贫困和剥削之中。在资本主义现代化的进程中，一些原本被认为是其核心要素的因素，如机器大工业、科学技术以及无产阶级，却逐渐发现自己处于被资本主义体系压迫和剥削的境地。"现在却对准资产阶级自己了。"① 这种情况彰显了资本主义内部矛盾的激化和扭曲，表明资本主义并非实现现代化的最理想社会形态。

（三）马克思、恩格斯关于共产主义社会现代化的设想

马克思和恩格斯以世界历史的宏观视角深入剖析了现代化进程，指出实现现代化必须建立在一定的社会制度条件下。他们对资本主义现代化进行了深刻的辩证分析，揭示了资本主义现代化的内在局限性，进而强调了资本主义并非实现现代化最终社会形态的必然路径。"马克思主义指出了通向现代化的另一条道路，即对传统文化和社会关系的颠覆，对世界资本主义的霸权主张毫不妥协。"② 在构建科学社会主义理论的过程中，马克思、恩格斯基于资本主义现代化的辩证分析，提出了共产主义社会现代化。共产主义社会是人类社会发展的高级阶段，是马克思和恩格斯对未来社会的构想。在他们的理论中，共产主义社会是一个消除阶级、实现共同富裕和全面发展的社会，是能够为实现现代化提供制度保障的社会。

1. 共产主义社会的现代化设想

（1）社会关系和谐平等。马克思和恩格斯认为，共产主义现代化过程将使人与社会、人与自然、民族互相之间的关系都走向和谐。"工

---

① 中共中央马克思恩格斯列宁斯大林著作编译局. 马克思恩格斯文集：第2卷［M］. 北京：人民出版社，2009：37.

② 弗利. 睿智：亚当谬论及八位经济学巨人的思考［M］. 温涌，译. 上海：上海财经大学出版社，2010：112.

业和农业""城市和乡村""脑力劳动和体力劳动"① 对立消失，现代化过程与自然环境之间达到和谐且平衡的状态，"人们第一次成为自然界自觉的和真正的主人"② "各国人民之间的民族分隔和对立日益消失"③，实现真正的和谐和平等。

（2）现代化生产力高度发达。生产力在社会发展中起着重要的推动作用，马克思、恩格斯的理论强调了现代化生产力对社会变革的重要作用。他们认为，现代化的本质是由现代化生产力引发的社会性变革。随着生产力的发展，社会结构、经济体系以及人们的生活方式都将发生深刻的变化。这种现代化的发展不仅推动了生产力的提升，也影响了社会的各个方面。在马克思主义的视角下，共产主义社会的现代化必须以"生产力的普遍发展和与此相联系的世界交往为前提"④。只有当生产力得到高度发展，才能支撑起共产主义社会所追求的物质财富、社会关系和人自由而全面的发展。

（3）人的发展自由而全面。马克思、恩格斯认为人类社会的发展是"追求着自己目的的人的活动"⑤ 推动的，人类社会的进步与演变，始终围绕着实现人类自由而全面的发展这一核心目标。而共产主义的高级阶段，作为现代化进程中的一个重要阶段，其发展目标正是达成

---

① 中共中央马克思恩格斯列宁斯大林著作编译局．马克思恩格斯文集：第9卷［M］．北京：人民出版社，2009：311-314.
② 中共中央马克思恩格斯列宁斯大林著作编译局．马克思恩格斯文集：第9卷［M］．北京：人民出版社，2009：300.
③ 中共中央马克思恩格斯列宁斯大林著作编译局．马克思恩格斯文集：第2卷［M］．北京：人民出版社，2009：50.
④ 中共中央马克思恩格斯列宁斯大林著作编译局．马克思恩格斯文集：第1卷［M］．北京：人民出版社，2009：539.
⑤ 中共中央马克思恩格斯列宁斯大林著作编译局．马克思恩格斯文集：第1卷［M］．北京：人民出版社，2009：295.

这一崇高理想。在共产主义社会中，人们将摆脱剥削和压迫，拥有更多的自由时间和空间，实现个人潜能的充分发挥。同时，共产主义社会将注重教育和文化事业的发展，提高人们的文化素质和创新能力，推动社会的全面进步。

（4）世界市场形成联合体。世界市场的建立是现代化在全球拓展的体现。共产主义社会的现代化设想不仅局限于一个国家或地区，而是面向世界市场的联合体。马克思和恩格斯认为，全球化是现代化过程的一般表现，"全球化本身内在地孕育着人类超越资本的抽象统治的途径和手段，全球化的结果并非资本主义全球化，社会主义国家也有希望在利用全球资本的基础上实现对其超越，开辟另外一种更具公平性的全球化"①。在全球化进程中，各国之间的相互依存和联系越来越紧密。共产主义社会将超越民族、国家、地域的界限，实现世界市场内的合作与共同发展。各国将在平等互利的基础上，共同应对全球性挑战，推动世界的和平与繁荣。

2. 实现共产主义社会现代化的途径

马克思关于实现共产主义社会现代化的途径的理论阐述，框架坚实、内容严谨，涵盖了政治、经济、社会等多个层面，不仅体现了他对人类社会发展规律的深刻洞察，也为后来的社会主义实践起到重要的指导性作用。在政治层面，马克思强调了无产阶级革命的必要性和重要性。他认为，无产阶级革命不仅是推翻资产阶级统治的政治手段，更是解放被压迫阶级、实现人民当家作主的必经之路。这一革命的目的是建立无产阶级专政，确保社会的公平和正义，为共产主义社会现

---

① 胡刘. 马克思"全球化"思想的理论逻辑［N］. 中国社会科学报，2017-08-31（3）.

代化的实现提供坚实的政治保障。

在经济层面，马克思认为生产力的高度发展是实现共产主义社会现代化的基石。他深入分析了生产力与生产关系的辩证关系，指出生产力的发展是推动社会进步的根本动力。只有通过不断提高生产效率、优化资源配置，才能实现物质财富的极大丰富，满足人民日益增长的物质需求。

在社会层面，马克思提出了消灭私有制的观点。他认为私有制是导致社会不公和阶级斗争的根源，必须加以废除。通过实行公有制，实现生产资料的共同占有和使用，可以消除阶级对立，促进社会和谐，为共产主义社会现代化的实现创造有利的社会环境。

此外，马克思还强调了计划经济的重要性。他认为在共产主义社会中，计划经济是实现资源合理配置和有效利用的关键。通过全面计划和调控社会生产、分配、交换和消费等方面，可以确保经济运行的稳定性和可持续性，满足人民日益增长的物质文化需求，推动社会全面进步。

总而言之，共产主义社会在发展和实现现代化的过程中，通过对生产关系和社会结构的深刻变革，生产力得到了更为充分和高效的发展。与资本主义不同，共产主义社会注重人的全面发展，强调社会公平和共同富裕。在这样的背景下，共产主义社会不仅解决了资本主义社会中的剥削和不平等问题，还促进了人的自由和个性的充分展现。共产主义社会的现代化不仅在形式上超越了资本主义的现代化进程，更重要的是在理念和实践上实现了对资本主义的超越，为人类社会的可持续发展开辟了新的道路。马克思和恩格斯提出的共产主义社会现代化构想，为我们提供了一种理想的社会发展蓝图。也就是说，虽然人类社会的现代化与资本主义社会发展同步启动，但随着现代化的推进，最终能够实现现代化的社会依然是共产主义社会。

三、列宁、斯大林的现代化理论

列宁（Lenin）是世界历史上第一个社会主义国家的开创者、领导者，在马克思、恩格斯现代化理论的基础上，列宁在建设社会主义国家的具体实践中，逐步形成其社会主义现代化思想。这个过程必将历经诸多困难，正如列宁所说："至于在实践中具体如何走，那只能在千百万人开始行动以后由千百万人的经验来表明。"① 列宁和斯大林（Stalin）的社会主义现代化理论是他们对于如何实现苏联和其他社会主义国家的现代化发展所提出的理论和观点。主要有以下两个方面。

其一，列宁的社会主义现代化理论。列宁的社会主义现代化理论在农业现代化方面，列宁认识到农业是苏联现代化的关键领域，他提出了一系列改革措施，包括：土地改革和农业集体化，以促进农业的发展；在工业化和现代化方面，列宁强调工业化和现代化在苏联社会主义建设中的重要性，他提出国家应该积极发展现代工业，提高生产效率，增强国家的经济实力；在文化和教育方面，列宁认为文化和教育是社会现代化的重要组成部分，他主张大力发展文化和教育事业，提高人民的文化素质和知识水平；在政治现代化方面，列宁提出了政治现代化的思想，主张建立社会主义民主政治制度，实现人民当家作主的权利。

其二，斯大林的社会主义现代化理论。斯大林的社会主义现代化

---

① 中共中央马克思恩格斯列宁斯大林著作编译局. 列宁全集：第 32 卷［M］. 北京：人民出版社，1985：111.

理论在工业化战略方面，斯大林提出了工业化的战略思想，主张优先发展重工业，通过高速度、大规模的工业化建设，实现国家的现代化；在计划经济方面，斯大林主张实行计划经济，通过制订详细的计划，有计划地安排生产和分配，以保证经济的稳定和发展；在农业集体化方面，斯大林主张农业集体化，以提高农业生产效率，增加粮食产量，为工业提供更多的原料和粮食。在文化和教育方面，斯大林也重视文化和教育的发展，他主张大力发展教育和文化事业，培养具有社会主义觉悟的人才。

总之，列宁和斯大林在社会主义现代化理论建设上，均坚持以马克思主义基本原理为指导，紧密结合国家的具体实际，形成了具有鲜明时代特征和国别特色的理论体系。

（一）列宁现代化思想的构想

十月革命的胜利为苏联带来了巨大的历史机遇，同时，重大的挑战也随之而来，其中之一便是如何实现社会主义现代化。在这一历史背景下，列宁进行了深入的思考。他认识到，苏联的经济文化相对落后，不仅需要进行社会主义革命，更需要在建设社会主义、推进现代化道路上找到适合自己国情的路径。为此，列宁不断反思、探索，形成了关于如何使落后国家迈向社会主义现代化的较为完整的理论体系。列宁的社会主义现代化思想构想主要包括以下几方面。

1. 夯实物质基础，实现经济现代化

实现社会主义现代化，必须建立在坚实的物质条件基础之上，这是不容置疑的客观规律。然而，在苏联进行社会主义革命与建设的初期，不仅面临着工业化发展起步晚的困境，也遭遇着经济文化发展水平滞后的挑战。基于这样的背景，列宁同志着眼于推进社会主义现代化，明确指出了发展先进生产力的重要性。革命胜利后，无产阶级必须全力以赴发展落后的生产力，修复战争带来的经济创伤，以确保社会主义现代化的推进。列宁同志重视农业的现代化发展，他指出，"经济的真正基础是粮食储备"①，这体现了对农业重要性的深刻认识。同时，他也强调了改变俄国落后生产方式的关键所在，即开展大规模机器工业改造。他明确指出，"大机器工业是社会主义唯一可能的经济基础"②。此外，列宁同志还强调了优先发展重工业的重要性。他指出："不挽救重工业，不恢复重工业，我们就不能建成任何工业，而没有工业，我们就会灭亡而不成其为独立国家。"③ 这充分显示了列宁同志对重工业发展的坚定决心和深远考虑。

2. 加强党的建设，实现政治现代化

苏联的特殊国情使得政治现代化在实现国家现代化过程中处于关键地位，正如列宁所说的那样，"政治同经济相比不能不占首位"④。因此，推动政治革命、实现政治现代化的关键在于执政党的现代化。这就要求俄共（布）在执政理念、执政方式、组织结构、执政功能等方面进行全面而深刻的变革。首先，不断强化党的思想建设。正如列宁强调的那样，"没有思想上的统一，组织上的统一是没有意义的"⑤，此

---

① 中共中央马克思恩格斯列宁斯大林著作编译局. 列宁全集：第 4 卷 [M]. 北京：人民出版社，1972：391.
② 中共中央马克思恩格斯列宁斯大林著作编译局. 列宁全集：第 42 卷 [M]. 北京：人民出版社，2017：57.
③ 中共中央马克思恩格斯列宁斯大林著作编译局. 列宁全集：第 4 卷 [M]. 北京：人民出版社，1972：666.
④ 中共中央马克思恩格斯列宁斯大林著作编译局. 列宁全集：第 40 卷 [M]. 北京：人民出版社，2017：182.
⑤ 中共中央马克思恩格斯列宁斯大林著作编译局. 列宁全集：第 5 卷 [M]. 北京：人民出版社，2013：247.

句深刻揭示了思想统一对于组织统一的至关重要性。因此，必须坚定地以马克思主义理论为指导，通过深入学习和全面理解马克思主义的基本原理，不断武装全党同志的头脑，确保党内思想的高度一致性。其次，必须加强党的政治建设。这包括明确党的纲领和章程，确立党的领导地位，确保党始终走在时代前列，引领国家和人民前进。再次，必须重视党的组织建设。致力于将俄共（布）打造成一个组织严密、集中统一的政党，确保党的各级组织和广大党员保持紧密团结。通过加强党的组织建设，不断巩固和强化党的领导地位，提高党的凝聚力和战斗力，为实现奋斗目标提供坚强的组织保障。最后，还需要加强党的作风建设。针对党内存在的官僚主义和腐败等问题，必须及时予以纠正，坚决反对一切可能损害党的先进性和纯洁性的行为。只有这样，才能赢得人民群众的信任和支持，进一步巩固党的执政地位和执政基础，推动国家不断向前发展。

3. 推进"文化革命"，实现文化现代化

在苏维埃政权建立后，俄国面临着一系列错综复杂的社会问题，这些问题涉及政治、经济和文化等多个领域，特别是在政治与经济问题交织的情况下，文化问题逐渐凸显出来，成为亟待解决的重要议题。沙皇时期的"愚民政策"，导致国内存在大量文盲，许多劳动者缺乏基本的教育知识，无法适应现代化生产和管理的需要，不仅限制了生产力的提高，还极大影响了经济与政治建设的进程。列宁深知，共产主义无法在一个文盲充斥的国家中诞生，人民群众文化水平的提高对于社会主义国家的建设至关重要，因为"文盲是处在政治之外的"[①]。为

[①] 中共中央马克思恩格斯列宁斯大林著作编译局. 列宁全集：第42卷［M］. 北京：人民出版社，2017：210.

解决文盲的问题，彻底改变俄国文化落后的情况，列宁提出了实施"文化革命"的构想，核心在于提高民众的科学文化素养，以打造一个真正意义上的社会主义国家。首先，确保党在文化领域的领导地位是实现"文化革命"的必要前提，党的正确领导可以保证文化建设与社会主义理念的密切结合，从而引领人民走向科学文明的道路。其次，推进国民教育的普及与发展是实现"文化革命"的重要基石。列宁强调："我们应当把动员识字的人扫除文盲这一简单而迫切的事情着手做起来。"① 为此，他提出了一系列措施，努力提高教师地位，增加教育投入，以促进全民教育的普及化和提升教育质量。最后，加强城乡之间的文化联系是实现"文化革命"的重要途径。列宁主张通过组织城市工人阶级和发动有助于农村发展的文化团体来加强城乡间的交流与互动，通过工农互助交往的方式，不断缩小城乡之间的文化差距，推动全国范围内文化事业的均衡发展。

4. 建设生态文明，实现生态现代化

十月革命之前，俄国面临着诸多挑战，其中包括对自然资源开发利用的能力和程度有限、农业发展水平的滞后、工业基础的薄弱以及生态环境的脆弱。这些问题加剧了人与自然之间的矛盾，使得俄国民众的生活条件极为艰苦。在苏维埃政权建立后，面对沙俄时期遗留的生态环境问题，列宁深刻意识到解决这些问题的紧迫性。在继承马克思主义关于人与自然关系思想的基础上，列宁将其与苏俄的具体实际情况相结合，对苏俄如何推进生态环境建设、实现生态现代化进行了深入思考。列宁指出："力求合理地利用经济资源的建设，才配称为社

---

① 中共中央马克思恩格斯列宁斯大林著作编译局. 列宁全集：第36卷［M］. 北京：人民出版社，2017：321.

会主义的建设。"① 他强调了对经济资源的合理利用，认为只有通过合理利用经济资源，才能称得上是真正意义上的社会主义建设。同时，他意识到，要实现生态环境的现代化，还要不断加强和完善对生态环境保护的法律制度。仅仅依靠行政手段和自觉性的环保行动是远远不够的，必须通过法律的约束和规范来保障环境的持续改善和保护，明确环境保护的责任主体和责任范围，制定相应的环境保护政策和法规，确保环境保护工作有法可依、有章可循。此外，列宁对科学技术在改善环境方面的积极作用也给予了高度认可。他认为，应用先进的科学技术手段开采石油等自然资源，不仅可以减少对自然环境的破坏，还能提高开采效率，从而推动社会生产力的持续发展。

5. 发展科学技术，实现科技现代化

现代化前沿科学技术对国家发展的作用是多方面且不可估量的，科技不仅是推动经济增长的引擎，还是社会进步的基石，对国家的全面发展具有深远而重要的影响。列宁同志深刻认识到科学技术对于社会主义建设的重要性，他在继承并发扬了马克思、恩格斯的科学技术思想的基础上，将其与俄国科技发展的实际情况相结合，不仅为无产阶级革命时期的科技发展指明了方向，还为俄国实现社会主义国家现代化奠定了基础。一方面，列宁同志十分关切西方国家科技发展的动态，西方资本主义国家在众多科技领域取得了许多重大突破和进步，不断推动着国家的发展。因此，列宁强调："学习社会主义，要向资本

---

① 中共中央马克思恩格斯列宁斯大林著作编译局. 列宁全集：第 35 卷 [M]. 北京：人民出版社，2017：18.

主义最大的组织者学习。"① 科技与经济发展之间是密切相关的，共产党人需要审时度势，虚心向西方资本主义国家学习，吸收借鉴它们在科技创新、组织管理等方面的成功经验，从而弥补苏俄共产党在组织和领导经济工作方面的不足。另一方面，列宁深刻认识到，共产主义社会的基本特征在于其高度发达的生产力和先进的政权。而电气化是当时科学技术发展的最高水平，列宁亲自领导全俄电气化计划的实施，并将其视为党的重要任务之一。此外，列宁认为，科技是推动社会进步和经济发展的重要力量，而科技人才则是科技发展的关键，对科技类人才的培养在发展科技的过程中具有重要地位。他在《苏维埃政权的当前任务》一文中，论述了科技人才在推动社会主义现代化建设中起到的不可替代的作用。因此，要实现社会主义现代化，就必须积极培养科技人才，紧紧围绕科技人才和各个领域的专家学者，要充分发挥他们在科技领域的专业知识和技能，鼓励他们在科技创新和生产实践中发挥作用。列宁同志对于科技发展的深刻理解和高度重视，为苏俄的科技进步和社会主义现代化建设提供了坚实的理论基础和实践指导。

综上所述，列宁的社会主义现代化思想构想，是以全面、综合的视角，深入谋划了经济、政治、生态、科技、文化等各个领域的发展蓝图。其思想理念，对于后续社会主义国家的发展道路，产生了深远且持久的影响。这种以整体推进、协调发展为核心的发展观，为我们今天构建社会主义现代化强国提供了宝贵的启示和借鉴。

---

① 中共中央马克思恩格斯列宁斯大林著作编译局. 列宁全集：第34卷［M］. 北京：人民出版社，2017：128.

（二）斯大林现代化思想的持续深化

1925 年联共（布）第十四次代表会议上，斯大林明确提出了社会主义工业化和现代化的核心任务，他庄严宣告："把我国从农业国变成能自力生产必需装备的工业国——这就是我们的总路线的实质和基础。"① 自此，苏联的工业化建设正式开启。在此过程中，斯大林对社会主义工业化进行了深入的理论与实践探讨，使得社会主义现代化的理念不断深化，主要体现在以下几方面。

1. 工业领域的革新与调整

在斯大林现代化思想的指导下，苏联工业领域经历了前所未有的革新与发展，苏联由落后的农业国转变为先进的工业国。他认为"工业化首先应当了解为发展我国的重工业。特别是发展我国自己的机器制造业这一整个工业的神经中枢"②。也就是说，优先发展重工业是实现国家工业化的关键所在。因此，在苏联的五年计划中，重工业的发展被置于极其重要的地位。通过大量的资金、技术和人力资源的投入，推动了苏联工业的快速崛起。钢铁、机械、化工等关键行业得到了迅猛发展，为苏联的国防建设和其他领域的发展提供了坚实的物质基础。然而，斯大林也清醒地认识到，过度强调重工业发展可能导致产业结构失衡，影响经济的可持续发展。因此，在后期的发展中，他开始调整工业化战略，注重轻重工业的协调发展，优化产业结构，提高产品质量，加强技术创新和管理创新，借此推动苏联工业向更高层次、更宽领域发展。

---

① 中共中央马克思恩格斯列宁斯大林著作编译局. 斯大林全集：第 7 卷［M］. 北京：人民出版社，1953：294.
② 中共中央马克思恩格斯列宁斯大林著作编译局. 斯大林全集：第 7 卷［M］. 北京：人民出版社，1953：294.

2. 农业领域的稳步改革与进步

在农业方面，斯大林始终坚持集体化和机械化的发展方向，以提高农业生产效率。他认识到，农业是国民经济的基础，必须实现农业现代化才能为国家的工业化提供有力支撑。因此，他大力推广农业机械化，加强农业科技研发，提高农业生产的技术水平。同时，他也注重农民利益的保障，通过提高农产品价格、改善农民生活条件等措施，激发农民的生产积极性。然而，在农业集体化的过程中，也存在一些问题，如忽视农民意愿等。斯大林在后期的改革中，开始关注这些问题，逐步调整农业政策，尊重农民的意愿和利益，优化农业资源配置，推动农业向更健康、更可持续的方向发展。

3. 文化建设的繁荣与创新

在文化领域，斯大林强调社会主义文化的建设和发展，注重文化的阶级性和民族性。他坚持以马克思主义为指导，推动无产阶级文化的发展，同时尊重和保护各民族的传统文化，促进文化多样性和文化交流。他鼓励文艺创作，推动文化艺术的繁荣与创新，为苏联的文化事业注入了新的活力。在斯大林现代化思想的引领下，苏联的文化事业取得了显著成就。文学、艺术、教育、科学等领域都取得了重要进展，为苏联的社会主义现代化建设提供了强大的精神动力和智力支持。

4. 政治体制的健全与完善

在政治领域，斯大林坚持党的领导和无产阶级专政，重视党的建设和党员素质的提升。他强调党的纪律性和组织性，加强党的思想建设、组织建设和作风建设，确保党始终成为社会主义事业的坚强领导核心。同时，他也注重国家安全和国防建设，强调以强大的军事力量捍卫社会主义制度。为了健全与完善政治体制，斯大林采取了一系列重要措施。他加强法制建设，推动法律的制定和实施，确保国家政治生活的规范化、法制化。他推动政治制度的改革与创新，优化政治运行机制，提高政治决策的科学性和民主性。同时，他也注重政治人才的培养和选拔，为苏联的政治发展提供了坚实的人才保障。

综上所述，斯大林始终坚持社会主义方向，以国家利益为核心，推动苏联在工业、农业、文化和政治等各个领域取得了显著成就。虽然在这一过程中也面临一些挑战和问题，但他的思想为后来的领导者提供了宝贵的经验和启示。在斯大林现代化思想的引领下，苏联实现了从落后到崛起的伟大转变，为世界的社会主义事业做出了重要贡献。

（三）苏联后期现代化改革思想

在苏联历史的后期阶段，现代化改革的思想显得尤为复杂和多样化。这一过程不仅涉及了国家政治、经济和社会等各个层面的深刻变革，更在很大程度上决定了苏联的未来命运。赫鲁晓夫（Khrushchev）和戈尔巴乔夫（Gorbachev）这两位领导人在不同时期分别提出了自己的改革理念和策略，尽管他们的出发点和目的都是推动苏联社会的进步与发展，但最终结果大相径庭。

赫鲁晓夫上台后，他面临着严峻的经济困境和社会不满。他深知斯大林模式的僵化与不合理之处，因此决定进行一系列旨在恢复经济活力和提高人民生活水平的改革。在农业领域，赫鲁晓夫推出了全新的收购制度，逐步取代了原有的农产品义务交售制。这一改革措施大大激发了农民的生产热情，为苏联农业的恢复与发展奠定了坚实基础。此外，他还赋予农庄更大的自主权，包括管理自留地和牲畜的权利，这使得农业生产更加灵活和高效。在工业领域，赫鲁晓夫试图通过下放部分企业管理权至加盟共和国，并赋予企业一定的经济自主权，来激发企业的生产活力。然而，这些改革措施并没有触及斯大林模式的根本缺陷，如中央集权、官僚主义等问题。因此，此番改革效果有限，未能实现预期的目标。赫鲁晓夫的改革思想虽然具有一定的前瞻性，但在实施过程中缺乏足够的决心和毅力，导致改革步伐缓慢且未能取得根本性的突破。

相比之下，戈尔巴乔夫时期的改革则更加激进和全面。他提出了"新思维"的改革理念，试图从根本上改革苏联社会主义制度，建立更加人道、民主的社会主义体系。戈尔巴乔夫认为，提高苏联社会主义制度的国家治理能力是改革的核心目标。因此，他推行了一系列政治、经济和社会领域的改革措施。在政治领域，他推行了多党制和民主化改革，放松了对政治权力的控制，加强了民主监督和参与。这一改革措施在一定程度上增强了人民的政治参与感和归属感，但同时也引发了严重的政治动荡和社会不稳定。在经济领域，戈尔巴乔夫试图通过市场化改革和私有化进程来激发经济活力。然而，由于缺乏有效的监管和调控机制，这一过程导致了严重的经济崩溃和社会不平等现象。在社会领域，戈尔巴乔夫推行了一系列旨在提高人民生活水平的社会改革措施，如提高社会福利、改善教育医疗等条件。然而，这些改革措施的实施效果并不理想，未能有效解决社会问题和缓解社会矛盾。

苏联后期的现代化改革思想呈现出多样性和复杂性。赫鲁晓夫和戈尔巴乔夫分别在不同时期面对不同情况提出了各自的改革理念和措施，最终目的就是要提高苏联的社会经济水平和国家治理能力。但由于多种因素的制约和影响，这些改革措施未能实现预期的目标。赫鲁晓夫的改革思想虽然具有一定的前瞻性，但缺乏足够的决心和毅力。

而戈尔巴乔夫的改革思想则过于激进和全面，从而导致了严重的政治动荡和经济崩溃。苏联后期的现代化改革思想，尽管历经多次尝试和调整，但始终未能实现其预期的目标。在这一过程中，有几个核心的问题和挑战逐渐浮现出来。

首先，在改革过程中缺乏明确和一致的目标。虽然赫鲁晓夫和戈尔巴乔夫等领导人提出了各自的改革理念和目标，但这些目标往往缺乏清晰性和连贯性，导致改革过程中出现了许多矛盾和混乱。这种情况使得改革难以取得实质性的进展，也削弱了人民对改革的信心和支持。其次，改革未能触动斯大林体制的根本问题。尽管赫鲁晓夫和戈尔巴乔夫都试图纠正斯大林模式的弊端，但他们并未能从根本上改变这一体制的结构和运行方式。这使得改革的效果有限，无法真正实现苏联的现代化和稳定发展。再次，改革过程中出现了严重的经济问题。在赫鲁晓夫的改革中，农业和工业政策的调整导致了生产混乱和物资短缺，严重影响了苏联的经济发展。而在戈尔巴乔夫的改革中，经济领域的改革更是导致了严重的经济危机和社会动荡，最终加速了苏联的解体。最后，改革过程中缺乏有效的政治和社会支持。在赫鲁晓夫和戈尔巴乔夫的改革中，他们都面临着来自保守派和反对派的强烈反对和阻力。这使得改革难以得到广泛的支持和认同，也增加了改革的风险和不确定性。

综上所述，苏联后期的现代化改革思想虽然具有一定的积极意义和探索价值，但由于缺乏明确和一致的目标、未能触动斯大林体制的根本问题、出现严重的经济问题以及缺乏有效的政治和社会支持等，最终未能实现苏联的现代化和稳定发展。因此，在推进现代化的过程中必须全面考虑各种因素，坚持稳健、理性的改革路径以确保改革的顺利进行和社会的稳定发展。

第四节　研究思路和方法

一、研究思路

本研究以石油工业在国家经济发展中的重要性，以及中国共产党在领导石油工业现代化过程中的重要作用为研究背景，以梳理中国共产党领导石油工业现代化的历程，以总结成功经验为研究目的，通过探讨中国共产党领导石油工业现代化的历程，回顾从新中国成立初期到改革开放，再到新时代的石油工业发展历程，分析包括石油工业政策的制定、调整和实施过程的政策演变，进而总结出中国共产党领导石油工业现代化的科技创新、体制改革、对外开放等方面的成功经验与启示。并针对石油工业未来发展面临的挑战问题，提出新时代党领导石油工业现代化发展的对策与方法，为石油工业的未来发展提供理论支持和实践指导，为其他行业的现代化进程提供借鉴和参考，为国家经济发展提供有力的支持和保障。

二、研究方法

本书旨在以辩证唯物主义和历史唯物主义为指导，运用文献研究法、史论结合法以及综合分析法等，对中国共产党领导石油工业发展的历程经验进行规范性研究。

第一，文献研究法。收集、整理、归纳、分析课题研究相关文献资料。中国共产党领导石油工业历程的研究所涉及的时间跨度大，要弄清其发展的历史脉络和演变过程，并给予充分的概括和总结，需要广泛阅读相关资料和文献。这些文献包括党的重要文件和重要会议决议，党的领导人发表的重要讲话、文章和论著等。通过对中国共产党工业化道路发展、石油工业现代化发展的相关资料的检索和研读，为论文提供有力的论据。

第二，史论结合法。本书是对党领导石油工业现代化发展的历程和经验的研究，但不是简单地对历程的梳理，而是要在历程梳理的基础上总结党领导石油工业现代化发展的经验，进行理论分析和总结。运用史论结合的方法，以中国共产党探索我国石油工业现代化发展道路的历史线索为基本脉络，坚持理论与实践相结合的研究原则，广泛引用党的历史文献和石油工业发展相关资料作为论证的基础，力求全面、客观地总结历史经验。做到既有历史的厚重做支撑又避免问题的表面化，达到对中国共产党领导石油工业现代化发展历程和经验的准确而深刻的研究。

第三，综合分析法。本书的主要研究对象是中国共产党领导的石油工业现代化发展，中国共产党建党百年来领导石油工业实现了飞跃式发展，形成了一条中国特色石油工业现代化的发展道路。对百年历程的经验总结需要对浩瀚如烟的材料去粗取精、提炼总结，实践唤出新的理论思想，理论思想又进一步指导实践，并在实践中得到检验和发展。本书将综合分析中国共产党领导石油工业现代化发展历史实践中具备如何的特征优势，形成了如何的历史经验指导着新时代的石油工业现代化发展进程。

第五节　研究创新点和难点

一、研究创新点

梳理总结中国共产党带领石油工业现代化发展的历程和经验，从马克思主义相关理论中探寻理论渊源，将石油工业的发展与在不同时代背景下的中国国情相结合，还需同中国共产党的革命奋斗历程和新中国的诞生史相结合，从历史与现实的视角研究中国共产党领导石油工业现代化发展的历史嬗变。本课题在吸收借鉴既有相关学术成果的基础上，对中国共产党领导石油工业发展史进行深入系统的研究，根据阐述中国共产党领导石油工业发展的实践历程做理论总结，总体上把握中国共产党如何在马克思恩格斯现代化理论、苏联的现代化实践教训的基础上，逐步带领石油工业走出符合中国国情的现代化发展道路，以及阐述新征程石油工业现代化发展面临的挑战与应对措施。总体来说，创新点主要体现在以下几方面。

（一）研究视角新

本书系统回顾了中国石油工业从新民主主义革命时期至社会主义革命和建设时期，再到改革开放和社会主义现代化建设新时期，以及进入中国特色社会主义新时代的完整发展历程。通过深入分析中国石油工业现代化发展历程，梳理总结出中国共产党领导石油工业现代化取得的历史成就，为未来石油工业的发展提供了宝贵的经验启示，也展望了新时代石油工业现代化发展的未来，拓宽了有关发展历程与经验研究的研究视野。

（二）研究内容新

本书系统研究和科学总结了中国共产党领导石油工业发展的思想脉络、理论来源，较为科学、精准、系统地研究了新征程上中国石油工业发展的路径选择，将中国共产党领导石油工业发展思想的结晶放到了中国特色社会主义理论和道路的伟大事业中去思考，拓展了中国石油工业现代化发展的理论与实践内容。采用先分析后总结的方法，结合石油工业发展的每个阶段的工业化思想背景和实践结果来梳理出历程、成就、经验，并对新征程中国共产党领导石油工业发展的路径选择做出结论。

（三）研究观点新

本书从马克思主义理论角度阐述中国共产党领导石油工业基本历程，深化对中国共产党工业化道路形成的认识，既不是对历史事件的简单堆积，也不是对中国共产党工业化思想的简单重复，而是对中国共产党领导石油工业发展历程的实践做理论总结和提升，总体上把握中国共产党是如何带领石油工业在短时间内得到飞速发展。

这些创新点不仅体现了理论研究的深度，也展示了对实际问题的深刻洞察和解决方案的创新性。通过这些创新点，全书为石油工业的现代化发展提供了全面的理论指导和实践路径，同时也为其他行业的现代化发展提供了可借鉴的经验。

二、研究重难点

（一）重点

从本书的研究主题以及研究内容来看，研究重点主要有三方面。

第一，对中国共产党领导石油工业基本历程的全面梳理和时间划分。为呈现中国共产党领导石油工业现代化的科学、全面、完整的进程，需要阅读大量历史文献，从中厘清思想脉络。只有在厘清石油工业现代化发展历程的基础上，才能更清晰地展现中国共产党领导石油工业现代化的探索路径和历史成就，进而总结经验启示以更好地为今后的发展提供借鉴。学界已经形成部分研究石油工业发展史的专著，但没有突出中国共产党的领导这一方面，另外在对于阶段划分上也有不同的观点，如何在现有基础之上结合中国共产党领导对石油工业基本历程的实践形成准确而系统的分析是其中一个重点。

第二，对中国共产党领导石油工业基本经验的提炼和总结。每个时期的石油工业发展既有这个时期的特殊性，又有中国特色现代化道路理论的一般性，在各个阶段划分的基础上形成经验的提炼和总结，需要对各个时期党领导石油工业的现代化发展的深刻把握。

第三，对新征程下中国共产党领导石油工业现代化所面对的新挑战进行路径选择。这一部分是在对整个中国共产党带领石油工业基本历程和基本经验整体把握的基础上，针对目前石油工业在新征程上面临的挑战，对中国共产党领导石油工业现代化发展的路径选择和未来展望。

（二）难点

第一，选题涉及专业性领域，对专业知识理解能力具有一定的要求。石油工业是一门综合性极高、理论与实践并行的学科，涵盖了石油勘探、开采及资源开发等诸多环节，这些环节均涉及多学科、多工种及多部门的综合知识。想要深入了解石油工业的现代化发展，就必须对此有一定的专业了解。比如，战略东移的决策就融合了石油地质领域专家的实地勘察及科学认识，这就进一步要求笔者具备石油地质相关领域的专业知识和理解能力，无形中增加了该选题的撰写难度。

第二，选题时间跨度较大，历史资料的收集和整理具有一定的难度。由于历史资料的种类繁多、来源广泛，且可能涉及多个领域和学科，对于收集到的历史资料要评估其与研究的相关性，并进行筛选和整理，确保研究的准确性和可靠性。

第三，选题跨学科领域多，对研究方法具有一定的要求。跨学科研究选题需整合多学科知识和方法论，确保研究的科学性和准确性。综合运用不同学科的理论和方法，以提高研究质量。同时也要求有一定的政策分析能力、实践经验总结能力等。

综合而言，该书在历史资料的收集和整理、政策环境的分析、实践经验的提炼和总结、未来发展趋势的预测以及跨学科的研究方法等方面，需要研究者具备扎实的历史功底、政策分析能力、实践经验总结能力、趋势预测能力和跨学科研究能力。

第二章

石油工业现代化发展的理论渊源

石油工业作为工业化进程中的黑金血脉，在世界现代化的发展进程中起着举足轻重的作用，可以说石油工业的发展极大地促进了世界现代化的进程。但随着各国历史、政治、经济、文化等条件之不同，世界各国的石油工业发展的演进也有着不同的道路，而同一国家在不同的发展阶段、不同的现实条件下，也会选择不同的发展道路模式。一百多年来，中国共产党带领全国各族人民将一个农业大国发展成为如今具备联合国唯一完整工业体系的工业化国家，可谓历经了众多风云变幻。我国的石油工业发展道路的演进是在中国共产党的领导下逐步推进的，现已发展成为中国式石油工业现代化道路，这是一条极具中国特色，也极其符合中国的工业化发展道路。中国式石油工业现代化道路既是世界石油工业发展进程的重要组成部分，又有着自身的发展特点，既顺应世界的潮流，又符合中国的工业化发展道路。那么，中国共产党领导石油工业现代化发展的理论渊源是从何而来呢？

第一节　世界各国石油工业现代化的借鉴

世界各国工业现代化的启动阶段、技术水平、社会制度等方面都存在一定的差距，但也都体现出阶梯式、螺旋上升的特征。在探讨石油工业现代化之前，通过回顾英国、美国、德国的工业现代化背景，不难发现，工业现代化的演进发展与产业科技革命高度相关，从机械化革命到电气化革命再到信息化革命，这些都从根本上推动了工业的系统性的变革。

一、英国的工业现代化

英国是全球最先进行工业化革命的国家。其最典型的特征就是它的工业现代化模式是自发性的、内生性的，是在没有外力的作用下自行由着市场推动而逐渐演进的。英国的工业现代化是以轻工业优先发展的，通过其先进生产技术的驱动和引领，再通过工业联系促进国民经济其他领域的进步。同时，注重运用贸易政策手段及不断完善社会制度，为工业现代化发展保驾护航。

首先，殖民掠夺对工业化的推动。殖民掠夺推动了英国内部工业现代化的发展。殖民扩张作为原始积累的主要手段，为英国工业革命提供了必要的基础。其次，政策调整对工业化的支持。英国采取重商思想，通过保护关税等制度，推动国内工商业的发展，这种制度推动了生产力的提升，从而催生了对外出口的需求，由此英国也开始了早期自由贸易政策的探索，最终以《谷物法》的废除为标志，极大地促进了全球工业产品的供给，加速了英国工业在竞争优势下的现代化进程。最后，制度环境对工业化的护航。英国始终重视工业化的制度环境建设，1802 年的《工厂法》、1834 年的《济贫法修正案》、1848 年的《公共卫生法案》，这一系列的社会法治建设，对维护政权稳定、保障工人权利、推动工业现代化建设起到了至关重要的作用。

二、美国的工业现代化

美国"革新型"的工业现代化模式是一种成功的典型模式。美国建国后，通过土地扩张和大量的国外移民获得了工业化发展所需的自然资源和人力资源，通过技术进步和生产管理模式的创新加速工业化进程，构建其持续保持领先的根本性优势。

首先，通过土地扩张和国外移民积累工业化的条件。美国独立后，通过侵略扩张获得大量土地，其作为典型的移民国家也具有了大量的人力资本。这些都为工业化积累了重要的基础条件。其次，新技术的创新应用推动了现代化进程。蒸汽机的应用带来了美国第一次产业上的大发展，20世纪90年代，以电子信息技术为代表的美国新经济，对全球工业现代化的发展起到了重要的推动作用。正是基于这一时期的强劲发展，美国得以在全球范围内持续引领工业现代化的潮流。最后，标准化和大规模生产模式改变了美国工业的发展方式。世界工业史上的重要革命性事件之一就是标准化生产、流水线生产和大规模生产这种生产方法的重大创新，对美国"现代大工业"起到了极大的推动作用。

三、德国的工业现代化

德国是典型的工业化后发国家，政府主导型的发展模式使其在短期内实现了工业现代化。政府通过对科研的大力支持和对国家科研大权的直接控制，推动科研为国家建设服务；再通过科研与生产紧密结合，以生产促进科研；同时，积极创办技术院校，大力培养实用型人才，为德国工业现代化发展持续输送大量的高素质劳动力，保证其工业现代化快速发展并持续领先优势。

首先，通过引进英美先进技术，加速工业现代化。德国工业化起步虽然晚，但在短时间内完成了对老牌工业强国的超越，其关键性的一举就是 1871 年政治上的统一，为其经济转型和产业升级铺平了道路，而后其工业现代化便发展迅猛。1892 年柴油机的发明也促进了石油等产业的兴起。其次，以政府为主导的发展模式发挥关键作用。这种模式也成为德国短期内实现赶超的关键，与英美的轻工业起步不同，德国选择了政府主导的赶超式工业化道路，将铁路作为工业早期阶段的主导产业，并逐步带动其他工业，使其到今天也稳居世界制造大国的行列。最后，重视科技创新和教育，保障工业水平的领先。德国赶超的另一关键就是对科研的推动和对教育事业的大力发展，为工业现代化进程输送了源源不断的科技和人才支撑。

第二节　全球石油工业现代化发展历程

早在三千多年前，我国古书《易经》中就记载了有关石油和天然气的情况。而到了后汉时期，我国则已经开始利用石油。据汉代班固的《汉书·地理志》记载，陕西北部延安一带已有石油存在，且当地居民已将其作为燃料和润滑剂使用。宋代科学家沈括在其著作《梦溪笔谈》中，第一次在我国历史上正式提出"石油"这个名称。这一时期，我国已经开始对石油进行加工利用，我国最早的"炼油车间"——"猛火油作"便在此时设立，能够生产出被称为"猛火油"的石油产品。明代时期，我国已经能够从石油中提炼出灯油，且在四川等地发现了凝析油，并进行了有组织的开采和利用。我国古代在石油开采技术方面也颇为发达，秦朝时期就已开始钻井。到了公元1041年的宋代，还创造了人力顿钻，钻出了带有竹筒套管的小眼井，这种井被称为"卓筒井"，这种钻井技术在世界石油开发史上具有重要意义。虽然人类很早就开始发现并使用石油，但于世界视角而言，这些发现和使用都是小规模的，并未形成一种工业而发展。直到1859年，美国在宾夕法尼亚州成功钻出了第一口具有现代工业意义的油井——德雷克井，德雷克井的诞生标志着世界近代石油工业的开端。

18世纪工业革命推动机械钻机发展，拉开现代石油工业的序幕。初期产品主要是照明煤油。19世纪汽车行业发展提升汽油需求；20世纪两次世界大战驱动燃油军备改革，奠定石油战略物资地位。20世纪上半叶美国成为全球最大原油生产国。20世纪中叶，中东大油田陆续投产，逐渐成为全球最重要的原油出口地区。早期石油价格由西方石油公司主导，1960年中东产油国成立了欧佩克组织，将确保稳定收入作为宗旨之一。1971年布雷顿森林体系瓦解，1974年美国与沙特签订石油美元协议，石油取代黄金作为美元绑定的硬通货。此后两次石油危机推升油价大幅上行，也导致欧美经济陷入滞胀。之后的20年间，欧佩克实施目标油价管理政策，通过灵活调节产量使价格维持在相对稳定区间。进入21世纪，新兴市场国家经济崛起，推动了石油需求快速增长。2005年，欧佩克宣布放弃目标价格管理，油价进入自由浮动期。新世纪石油与金融结合愈加紧密，金融资产和原油价格联动增强。经过百余年发展，原油在全球政治、金融、商品领域已具有不可替代的重要意义。下面从以下几个阶段看全球石油工业现代化的演变。

第一阶段，世界石油工业的诞生和初建（19世纪下半叶）。石油资源的首次开发并非源自美国，然而，对于石油资源的大规模商业利用，却是在美国率先启动的。1859年，德雷克在宾夕法尼亚州完成了第一次商业性勘探开发，也标志着现代石油工业的诞生。法国也曾为石油工业的诞生做出贡献，1782年，法国人阿根德发明了煤油灯，但当时只能用动植物油，直到1859年德雷克打油井成功，矿物油才逐步取代动植物油。最初的石油产品需要寻找新的市场，于是石油作为油灯、机械润滑而逐渐得到推广。在19世纪80年代，内燃机的出现引领了汽车工业的蓬勃发展，并开启了20世纪的石油时代。内燃机的广泛应用使石油成为重要的战略资源，推动了各个工业部门对石油作为燃料的动力装置的广泛使用。因此，石油的需求量迅猛增长，为全球石油工业带来了全新的发展阶段。

第二阶段，石油工业需求和地位的改变（20世纪上半叶）。首先，美国石油泛滥，政府开始对石油工业进行干预。随着美国国内多个油区的持续开发，石油价格呈现不断下滑的趋势。针对这一严峻的石油供应过剩现象，美国各产油州被迫采取行政措施并成立相应机构进行干预，以确保市场的稳定。1933年，美国总统罗斯福（Roosevelt）实施新政期间，签署了行政命令，使内政部长伊克斯（Ickes）具有了发布有关石油问题的规定和强制执行规定的权利。1935年得克萨斯州参议员汤姆·康纳利（Tom Connally）发起并在全国通过了《康纳利热油法案》。在产油州和联邦政府的联合干预下，美国石油工业恢复稳定。其次，石油工业开启跨国经营。石油工业从创立之初就具有了国际的性质，在20世纪的第一个10年中，已经形成了跨国石油工业的基础。洛克菲勒（Rockefeller）创办的标准石油公司在世界各国建立了分公司。1911年，美国政府颁布《反垄断法》，标准石油公司也因此解体为诸多独立的大型石油公司。随着这些公司的逐渐发展，其中埃索公司、雪佛龙公司、莫比尔公司、德士古公司、英国石油公司、英荷壳牌、海湾公司成为世界上最大的 7 家跨国石油公司，俗称"石油七姐妹"。美国、英国、法国等国家在发展石油工业的同时，又将手伸向拉丁美洲和中东地区，通过积极开展勘探开发，在这些国家获得了大量的石油租让地和开采权，从而便开始进行掠夺式开采。最后，石油工业逐渐影响世界政治经济格局。在世界战争史上，第一次使用坦克和飞机作战是在第一次世界大战。正因此，也决定了石油在战争中的地位和作用。第二次世界大战爆发后，石油的地位更加凸显，可以说影响和改变了世界的政治经济格局。当时，轴心国与同盟国在战争中军用油料的消耗量高达 3 亿多吨，石油需求量大幅上升。由于轴心国均为石油资源匮乏的国家，战争爆发后不久，这些国家便面临了严重的石油短缺问题。尽管德国竭尽全力通过合成石油以及强迫罗马尼亚增产等方式来弥补石油供应的不足，但仍难以满足其战争需求，从而使其陷入了困境。尽管第二次世界大战期间石油工业的勘探开发速度有所放缓，但美国国内大量过剩的石油在战争中却得到了充分利用，直至大战结束，全球石油的供求关系才逐渐恢复到平衡状态。

第三阶段，中东石油工业登上历史舞台（20 世纪 10—30 年代）。1901 年英国资本家威廉·诺克斯·达西（William Knox D'Arcy）赴德黑兰谈判，获得占波斯面积 3/4 地区的 60 年开采权，成为中东石油工业创始人，英国政府也借此扩展了在中东地区的势力。初期的开采进展缓慢，直到 1908 年才开始出油。1909 年英国波斯石油公司成立，1914 年与壳牌公司、德意志银行联合组建土耳其石油公司，获得波斯国王授予石油特许权，同年第一次世界大战爆发。战争使石油资源上升至国家战略层面，战后各国加紧对中东势力渗透。一方面，形成《红线协议》之内的欧美联盟。1916 年，英国与法国签订《赛克斯—皮科特协议》，划分奥斯曼帝国亚洲部分势力范围。1920 年，双方签订《圣雷莫协议》，英国控制伊拉克和巴勒斯坦，法国保留摩苏尔和叙利亚开采权，成为中东主要控制方。但因排除了美国，引发其强烈反对。1928 年《红线协议》的签订使美国打破英法对中东的垄断，开始涉足中东石油资源。另一方面，形成《红线协议》之外的油企扩张。1925 年，巴林授予石油开采特许权给英国战时军需主任。1928 年，加利福尼亚标准石油公司收购特许权，成立巴林石油公司。1932 年，巴林采出石油，吸引石油公司关注阿拉伯半岛。1933 年，加利福尼亚标准石油公司获得广泛特许权，同时伊拉克石油公司获得西部特许权。1938 年，达曼区油井喷油，沙特原油开始出口。随着多国石油公司涌入，科威特也成为焦点。1933 年，成立科威特石油公司。1938 年，科威特南部发现大规模油流，科威特油井开始喷油，中东石油开采大门逐步打开。

第四阶段，欧佩克组织的成立（20 世纪 40—60 年代）。美国早期石油工业快速崛起，成为全球最重要石油出口国之一。1940 年，美国石油产量占全球产量 63%，中东石油产量仅占全球产量的 5%。二战期间美国生产了同盟国石油的 90%，在能源补给方面扮演至关重要的角色。在战后的初期阶段，全球石油的勘探、开采以及销售环节绝大多数受到西方石油垄断财团的严密控制。为协调成员国石油政策，反对西方石油垄断资本的剥削和控制，来自亚洲、非洲和拉丁美洲的石油生产国于 1960 年在伊拉克的首都巴格达共同创立了欧佩克这一国际组织。欧佩克为其自身设定了明确的宗旨，即促进并统一成员国在石油政策上的协作，保持国际石油市场价格的稳定，从而确保石油生产国能够获得持续而稳定的收入。

第五阶段，石油美元与石油危机（20世纪70—90年代）。全球石油贸易市场发展初期，主要国家原油贸易采用各自货币计价。20世纪70年代布雷顿森林体系瓦解，石油取代黄金成为与美元绑定的硬通货，有效维护了美元在全球货币市场的霸权地位，也使原油具备了更重要的金融属性。1973年埃及进攻以色列开启中东战争，阿拉伯产油国宣布对美国禁运，引发第一次石油危机。1978年伊朗伊斯兰革命，石油工人罢工，导致本国石油产量和出口量大幅下降，触发第二次石油危机。1980年两伊战争期间，两国互相攻击油田炼厂管道，出口大幅减少。八年间油价由2美元/桶大幅上行至31美元/桶。油价高企促使非欧佩克产油国大幅增产，1982年非欧佩克产量首次超过欧佩克；同时高通胀诱发西方国家经济衰退，石油需求下降。供过于求，油价持续回落，1986年12月欧佩克宣布实施产量配额制度，以18美元/桶为目标价位；此后进入长达20年的通过产量配额间接调控目标油价区间管理期。直至21世纪新兴市场国家经济崛起，石油需求快速增加，原油价格持续上行；2005年欧佩克正式放弃目标价格区间政策，油价进入自由浮动期。

第六阶段，石油金融和能源转型（21世纪至今）。进入21世纪，全球石油供需格局逐渐演变。一方面，新兴市场需求爆发。二战后美国石油需求全球占比超过40%，中国则不到1%。2003年中国石油需求超过日本，成为全球第二大石油需求国；2017年中国原油进口首次超过美国，成为全球最大原油进口国。另一方面，页岩油革命使美国产量重回巅峰，已基本实现石油独立。美国原油产量自1970年达到1000万桶/日后持续回落，2008年降至仅500万桶/日。此后技术突破和资本支持使美国产量回升，2019年最高增至1300万桶/日，超过俄罗斯和沙特，再度成为全球第一大产油国。石油工业进入新能源时代。2021年，"碳达峰""碳中和"首次入选我国的全国两会政府工作报告，这意味着包括欧美等发达国家以及部分发展中国家都将把能源类的转型作为头等大事。这也意味着石油工业进入新能源时代。全球能源转型将显著影响人类对于石油的需求，根据中国石油集团经济技术研究院2019年发布的报告，预计到2050年，全球对一次能源的需求仍将持续增长，但是全球能源强度即将下降，能耗年均也将减少。这是能效的提升、新能源汽车快速发展以及出行方式改变所导致的。因此，世界石油需求增长趋势将逐渐减缓。预计在2035年将达到峰值，之后将逐步下降。

第三节　石油工业现代化发展的一般规律

石油工业是全球经济的重要支柱之一，其现代化进程深刻影响着各国经济的发展和全球能源市场的格局。世界石油工业现代化的发展也呈现出一定的规律性。从总体上来看，世界石油工业现代化发展规律如下。

一、技术进步推动石油工业生产力水平不断提升

世界各国石油工业现代化进程中，技术创新与研发投入是关键因素。掌握先进技术及产业化应用是推进石油工业现代化的前提条件。回顾世界石油工业发展历史，不难发现，科技的发展对石油工业生产

力的提高起到了极大的促进作用，使人民生活水平得到不断提升。18世纪中期人类社会步入"蒸汽时代"，19世纪后期进入"电气时代"，20世纪末期进入"信息时代"，这些都是由技术水平的提高而带动的生产力水平的重要飞跃。在各个发达国家的技术发展历程中，美国鼓励英国移民带来新技术，通过设立高额奖金打破当时英国的技术封锁。围绕物理和化学两个重要科学领域，加快石油产品和石油装备的开发，这些石油技术的提升都使得石油工业的生产力水平实现大幅提升，从而推动了石油工业现代化的发展。

二、先进制造模式普及与推广使石油工业的生产效率大幅提高

改进生产模式是推进工业现代化的主要抓手。改进生产模式不仅意味着技术上的升级和革新，更代表着管理理念和工作方式的全面更新。它是推动工业现代化进程的核心动力，对于提高生产效率、优化资源配置、减少浪费和污染等方面具有至关重要的作用。比如，美国在工业化进程中，通过流水线和大工厂的生产方式，极大地推动了生产效率的提升。到了19世纪50年代，互换零件和流水线技术的标准化生产，已经普及到了各个行业，为石油工业的发展提供了宝贵的经验和借鉴。从19世纪流水线生产技术的出现，到20世纪信息技术的迅猛发展，在石油工业现代化的进程中，先进的石油工业技术也体现在生产模式的变革中。

三、政府的制度推动和石油政策的推行发挥重要作用

政府的主动作为是推进石油工业现代化的重要保障，在特定时期更有效率地推动石油工业发展。例如，美国石油出现泛滥，政府对石油工业开始干预。随着美国国内不断发现的诸多油区的开发，石油价格不断下跌，面对如此严重的石油泛滥，美国各产油州被迫采取行政措施并成立相应机构进行干预。1933 年，美国总统罗斯福实施新政期间，签署了行政命令，使内政部长伊克斯具有了发布有关石油问题的规定和强制执行规定的权利。1935 年，得克萨斯州参议员汤姆·康纳利发起并在全国通过了《康纳利热油法案》。在产油州和联邦政府的共同干预下，美国石油工业逐渐恢复稳定状态。

四、人才教育在石油工业发展中起着不可低估的作用

石油工业的现代化转型，离不开大量具备专业知识和技能的工程技术人员以及训练有素的劳动力。尤其对后发国家而言，为了缩小与先进国家之间的技术差距，教育的发展显得至关重要。比如，美国的州政府在预算支出方面，逐步增加了对教育经费的投入，使其在教育、卫生、社会服务等各类支出中位列第二，而市县地方政府在教育经费的投入上更为显著，教育经费在各类支出中占据首位，这充分体现了美国对教育事业的高度重视和坚定支持。

综上所述，世界石油工业现代化发展规律主要包括技术进步、先进制造模式、政府的制度推动和石油政策的推行以及人才教育等方面。这些规律相互作用、相互促进，推动着世界石油工业不断向前发展。未来，随着科技的不断进步和市场需求的不断变化，世界石油工业的发展将面临更多的机遇和挑战。只有顺应规律，不断创新和进取，才能在全球能源市场的竞争中获得发展优势。

第四节 中国发展石油工业现代化的传统理论基础

一、民本思想与石油工业现代化的价值契合

民本思想是中国传统的政治哲学，强调人民是国家的基础和根本，应当受到尊重和重视。民本思想，作为一种源远流长的统治观念，其核心理念在于强调明君与贤臣应以维护和巩固统治为宗旨，重视民众福祉，保障人民安居乐业。这一思想可追溯至夏商周时期，而后经过春秋战国时期的深入发展，最终在汉代得以定型。尽管历朝历代对民本思想均有所演绎与拓展，但其核心要义始终未变。在先秦儒学中，民本思想尤为显著，孔子倡导"为政以德"，孟子则主张"民贵君轻"，荀子亦认为"君为舟，民为水"。这些学说均凸显了君主应将人民利益置于首位，实践仁政的重要性。黄宗羲更是提出了"天下为主，君为客"的观点，进一步凸显了人民在国家中的主体地位。民本思想是中国传统文化中的重要价值观念之一，它不仅仅是一种政治哲学，更是一种人文精神和道德准则。在当今社会，民本思想仍然具有重要的意义和价值，它不仅仅为政治家和企业家提供了重要的启示，同时也为普通人提供了做人的基本准则。

民本思想是中国传统文化中的核心价值之一，它强调人民是国家的根本，应当受到尊重和重视。在当今的石油工业现代化进程中，这种思想的价值并没有消失，反而与现代理念产生了深度的契合。石油工业作为国家的重要支柱产业，其现代化不仅仅是技术和设备的更新，

更是企业文化、管理理念和价值观念的更新。

（一）民本思想的传统意义与现代价值

自古以来，中国的传统思想中，民本思想一直占据着举足轻重的地位。这种思想强调民众的福祉和利益应作为治国理政的核心，认为君主应以民众的利益为重，实行仁政，以此达到国家的长治久安。在漫漫历史长河中，民本思想不仅影响了历代君主的决策，也塑造了中华民族的文化传统和价值取向。然而，民本思想并不仅仅停留在历史的尘埃之中，它随着时代的变迁而不断焕发新的生机。在现代社会，这种思想被赋予了新的意义。特别是在石油工业这一国民经济的重要支柱领域，也能看到民本思想的现代价值。

石油工业作为现代社会的"血液"，对国家的经济发展、社会进步和国际地位具有至关重要的作用。然而，石油工业的发展不应仅仅追求经济利益，更应注重社会责任和民众福祉。由于石油资源的开采和利用往往伴随着环境污染、生态破坏等问题，这些问题直接关系到民众的生活质量和身体健康。因此，现代社会的民本思想要求石油工业在追求经济效益的同时，必须高度重视环境保护和可持续发展。民本思想不仅是一种传统的政治理念，更是一种具有现代价值的社会观念。在石油工业这一关键领域，我们应该深入理解和践行民本思想，确保石油工业的发展既能满足国家的经济需求，又能保障民众的利益和福祉。

（二）石油工业现代化的挑战与民本思想的契合

随着科技的不断进步和全球化的加速推进，石油工业作为现代经济的重要支柱，正面临着前所未有的挑战。这些挑战不仅涉及技术创新、安全生产、环境保护等方面，还涉及与社区、政府、公众等多方面的关系协调。在这样的大背景下，民本思想为石油工业提供了一种全新的视角和解决方案。首先，石油工业在追求经济效益的同时，必须高度重视环境保护和可持续发展。石油工业作为高污染、高排放的行业之一，对环境的影响较大，必须采取切实有效的措施，减少对生态环境的影响。这不仅需要技术创新和产业升级，更需要从民本思想出发，将环境保护作为企业的核心价值观之一，充分考虑环境和生态的可持续性。其次，石油工业还需要注重安全生产和社会责任。安全生产是石油工业的生命线，关系到企业的声誉和公众的信任。因此，石油工业必须建立健全的安全管理体系，增强员工的安全意识和技能水平，确保生产过程中的安全。同时，石油工业还需要积极履行社会责任，在关键时刻能顶得上去，全心全意为人民服务。这不仅有利于企业的长远发展，也是民本思想的体现之一。最后，民本思想还要求石油工业在经营活动中充分考虑人民群众的利益和诉求。人民群众对石油工业的发展有着密切关注和期待，他们希望石油工业能够为社会创造更多的价值，同时也希望能够享受到更好的服务和保障。因此，石油工业需要在经营活动中注重人民群众的利益和诉求，积极回应人民群众的关切和期望，以赢得人民群众的信任和支持。石油工业需要以民本思想为指导，注重环境保护、安全生产和履行社会责任，充分考虑人民群众的利益和诉求，实现经济效益和社会效益的双赢。

（三）石油工业现代化进程中的民本思想实践

石油工业承担着国家能源安全的核心重任。在石油工业发展之初，就始终牢记中国石油工业是党的中国石油工业、国家的中国石油工业、人民的中国石油工业，坚持以人民为中心的发展思想，矢志不移把实现人民群众对美好生活的向往作为奋斗目标，努力推动高质量发展成果共建共享。例如，中国石油集团作为石油工业的三大石油国企之一，在经济责任方面积极作为，始终坚持"绿色发展、奉献能源，为客户成长增动力，为人民幸福赋新能"的价值追求，积极主动融入国家区域协调发展战略和区域重大战略的具体实施之中。在国家"六稳""六保"政策、能源资源保供、抢险救灾及党和国家重大活动保障等方面，积极发挥着顶梁柱作用；在造福人民群众方面，坚决落实习近平总书记一系列重要指示和国家保供稳价要求，在进口液化天然气价格成倍上涨的情况下，坚持居民用气价格不上浮，高质量完成迎峰度夏、冬季采暖等重点时段保供任务。精准实施资源惠民和消费、产业、智力帮扶，推动巩固拓展脱贫攻坚成果同乡村振兴有效衔接，各项帮扶任务完成率均居央企前列，获得"全国脱贫攻坚先进集体"等荣誉。这些实践都表明，民本思想可以为石油工业的现代化提供有力的价值导向。

民本思想与石油工业现代化的价值契合不仅仅是一种表面的结合，而是一种深度的融合。它要求石油工业在追求经济效益的同时，充分考虑社会和环境的可持续性，真正做到以人为本。这不仅可以提高企业的社会形象，增强员工的归属感，还可以为企业的长期发展提供坚实的基石。在全球化和环境问题日益严重的背景下，民本思想为石油工业的现代化提供了新的视角和思路。

二、"和而不同"的石油工业现代化的理念传承

"和而不同"的辩证思维是中国传统文化中的重要思想之一，它主张在和谐的基础上保持差异和个性。这种思维方式的提出可以追溯至先秦时期，其中孔子提出的"和而不同"思想是最为典型的代表。"和

而不同"的辩证思维强调在事物发展中，差异性和统一性并存，不同的事物之间可以相互协调、配合，形成一种和谐的状态。这种思维方式肯定了事物的多样性和差异性，同时也强调了不同事物之间的相互依存和联系。在实践中，"和而不同"的辩证思维被广泛运用在各个领域中。例如，在企业管理中，这种思维方式要求管理者尊重员工的差异性和个性，通过协调和配合员工的特长和工作风格，实现企业的整体发展和成功。在社会关系中，"和而不同"的辩证思维则强调人与人之间的相互理解和尊重，通过包容和协调不同意见和利益，实现社会的和谐稳定。"和而不同"的辩证思维不仅仅是一种哲学思想，更是一种人生态度和行为准则。它要求人们在尊重差异性和个性的基础上，保持一种开放、包容、协调的态度，以达到和谐共生的境界。这种思维方式有助于促进社会的多元化发展，增强人与人之间的相互信任和理解，推动社会的进步和发展。

（一）技术发展与人才培养

石油工业作为现代工业的重要组成部分，其现代化进程涉及技术、管理、环保、人才等多方面。而"和而不同"的辩证思维作为中国传统文化中的重要思想，对于石油工业现代化的理念传承具有重要的意义。在石油工业现代化进程中，技术的发展和人才的培养是两个至关重要的方面。而"和而不同"的辩证思维则可以为这两方面提供有益的启示。

在技术进步方面，我们必须秉持"和而不同"的辩证理念，既要追求技术的整体进步，又要兼顾各种技术的独特性和差异性。石油工业涵盖了钻井、采油、油气集输、储运等多个技术和领域，每个领域都有其独特的特性和规律。因此，在技术进步的过程中，我们必须深入了解各类技术的特性，把握它们之间的内在联系，通过协调配合，构建一个和谐统一的技术体系。

在人才培养方面，"和而不同"的辩证思维同样具有重要意义。石油工业需要汇聚具备各种专业背景和技能的人才，而这些人才在知识结构和技能水平上必然存在差异和个性。因此，在人才培养过程中，我们必须充分尊重每个人的特点和专长，通过科学有效的培训和教育，激发他们的潜力和创造力。只有这样，我们才能培养出一支高素质、多元化的人才队伍，为石油工业的持续发展提供坚实的人才支撑。

（二）企业管理与团队协作

企业管理与团队协作是石油工业现代化的重要支撑。在这方面，"和而不同"的辩证思维同样具有指导意义。

在企业管理方面，"和而不同"的辩证思维要求既要注重企业的整体管理，又要考虑到各个部门、各个岗位之间的差异性和个性。石油工业涉及多个领域和环节，每个领域和环节都有其特定的管理要求和规律。因此，在企业管理过程中，需要充分了解各个部门、各个岗位的特点和需求，制定科学合理的管理制度和管理措施。同时，还需要注重企业文化的建设，通过文化的引领和熏陶，增强员工对企业的认同感和归属感，提高企业的整体凝聚力和竞争力。

在团队协作方面，"和而不同"的辩证思维要求充分尊重每个成员的差异性和个性，通过良好的沟通和协作，实现团队整体效能的最大化。石油工业的项目往往涉及众多部门和领域，需要各个团队之间的密切协作才能完成。因此，在团队协作中，需要充分了解每个成员的特长和需求，合理分配工作任务和职责。同时，还需要注重团队内部的沟通与协调，通过有效的沟通机制和协作方式，解决各种问题和矛盾，提高团队的整体执行力和创新能力。

（三）环境保护与社会责任

随着人们对环境保护意识的不断提高，石油工业在现代化进程中也需要更多地关注环境保护和社会责任。在这方面，"和而不同"的辩证思维同样具有指导意义。

在环境保护方面，"和而不同"的辩证思维要求我们在追求经济效益的同时，充分考虑环境保护和社会责任。石油工业在生产过程中会产生大量的废弃物和污染物，对环境造成一定的破坏和污染。因此，在生产过程中需要注重环保技术的应用和管理措施的制定，通过合理的环保措施减少对环境的负面影响，实现人与自然的和谐共生。

在社会责任方面，"和而不同"的辩证思维要求充分考虑各个利益相关方的需求和利益，实现共赢发展。石油工业的发展不仅涉及企业的利益，还涉及员工、供应商、政府、社区等相关方的利益，因此需要注重利益相关方的沟通和协调，通过合理的利益分配和共赢发展实现企业与社会的和谐共进。

综上所述，"和而不同"的辩证思维在石油工业现代化中具有重要的传承价值，它为石油工业的技术发展、人才培养、企业管理、团队协作、环境保护和社会责任等方面提供了有益的指导和启示，通过充分运用这一思想，石油工业可以在现代化进程中更好地应对各种挑战，实现持续健康的发展。

在这个过程中需要注重以下几方面。首先，要强化文化传承。石油工业的发展历史悠久，其文化底蕴深厚，"和而不同"的辩证思维作为中国传统文化中的重要思想，是石油工业文化的重要组成部分。因此，需要不断强化文化传承，弘扬"和而不同"的理念，通过文化的引领增强企业的软实力和核心竞争力。其次，要注重创新发展。在现代化进程中，石油工业需要不断推陈出新，探索新的技术和新的管理模式。而"和而不同"的辩证思维则可以为创新提供有益的启示，在差异性和统一性的基础上寻求突破和创新，不断推动石油工业的发展。最后，要加强国际合作。随着经济全球化的不断深入，石油工业需要加强国际合作与交流，学习借鉴国际先进的技术和管理经验，推动我国石油工业的整体发展水平不断提升。在这个过程中，"和而不同"的辩证思维贯穿其中，让我们可以更好地理解和尊重其他国家的文化和观念，以实现互利共赢的发展。

三、"天人合一"的自然认知与石油工业现代化的时代要求

"天人合一"作为中国传统文化的核心哲学思想，强调人类与自然的和谐统一。然而，随着工业化的进程，特别是石油工业的发展，人类与自然的关系逐渐失衡。石油工业作为现代社会的能源支柱，其现代化进程对自然环境产生了深远的影响。如何在石油工业现代化进程中融入"天人合一"的自然认知，实现人与自然的和谐共生，成为摆在面前的重要课题。

"天人合一"思想认为，人类是自然的一部分，应与自然和谐共处，遵循自然规律，实现人与自然的和谐统一。这一思想强调对自然的尊重和保护，倡导顺应自然、节约资源、保护环境的生活方式。在石油工业领域，这意味着在石油勘探、开采、加工等各个环节中，都应充分考虑自然环境的影响，采取科学合理的生产方式，减少对环境的破坏和污染。石油工业现代化是指通过技术创新、产业升级、管理优化等手段，提高石油工业的生产效率、资源利用效率和环境保护水

平，以满足现代社会对能源的需求。石油工业现代化的时代要求包括以下几点。一要提高生产效率。通过引进先进技术、优化生产流程、提高设备性能等手段，提高石油工业的生产效率，满足社会对能源的需求。二要保障能源安全。加强石油资源的勘探和开发，提高石油储量和产量，确保国家能源安全。三要推动可持续发展。在石油工业发展中，注重环境保护和生态平衡，推动石油工业的绿色发展、循环发展和低碳发展。

在石油工业现代化进程中，融入"天人合一"的自然认知，是实现石油工业可持续发展的关键。具体而言，可以从以下几个方面着手。

第一，坚持绿色发展理念。在石油工业发展中，始终坚持绿色发展理念，注重环境保护和生态平衡。通过采用清洁能源、推广循环经济等措施，降低石油工业对环境的负面影响。

第二，强化科技创新。通过引进和研发先进的石油勘探、开采和加工技术，提高石油工业的生产效率和资源利用效率。同时，加强环保技术的研发和应用，降低生产过程中的环境污染。

第三，优化产业布局。在石油工业产业布局上，充分考虑自然环境的影响，避免在生态环境脆弱地区进行大规模的石油勘探和开发。同时，优化石油工业产业链结构，推动上下游产业的协调发展；加强国际合作与交流：在石油工业发展中，加强与国际社会的合作与交流，共同应对全球能源和环境问题。通过分享经验、技术和管理模式等，推动全球石油工业的绿色发展。

"天人合一"的自然认知与石油工业现代化的时代要求并不是相互排斥的，而是可以相互融合、共同发展的。通过坚持绿色发展理念、强化科技创新、优化产业布局、加强国际合作与交流等措施，可以在石油工业现代化进程中实现人与自然的和谐共生。这既符合传统文化中的哲学思想，也符合现代社会对可持续发展的追求。因此，应该在石油工业现代化进程中，始终坚持"天人合一"的自然认知，推动石油工业的绿色发展、循环发展和低碳发展。

第三章

中国共产党领导石油工业现代化的
基本历程

回顾中国石油工业发展历程，不难发现，中国共产党对我国的经济计划、重大决策、制度安排等起着领导作用，同时，也对我国石油工业的发展产生重大影响。新中国成立初期，国内农业发展落后，工业基础设备配套不足，宏观环境形势严峻，存在诸如巨额财政赤字、物价飞速上涨、教育极端落后的现实情况。在如此严峻的形势中，中共中央对石油工业做出了一系列重大决策，中央领导对石油战线工作高度重视，多次亲临现场指导，在上下一心、众志成城的努力下，我国石油工业实现了一次又一次飞跃式进步。

第一节　新民主主义革命时期石油工业的艰难
起步（1921—1949）

位列四大文明古国的中国，古时在发现和利用石油、天然气方面曾一度处于世界领先地位，但是长期的封建统治，使我国生产力发展极其迟缓。从 11 世纪出现"卓筒井"算起，在今后长达 800 年的历史中，除天然气的开采、利用有所发展外，石油的开发始终处于原始状态。直到 19 世纪中叶，中国被迫沦为半殖民地半封建社会，在洋务派官僚和早期资产阶级改良派参加的洋务运动中，中国近代的石油工业才得以萌芽。它从诞生起，就源源不断地受到国外侵略势力和国内封建势力的双重阻挠和压制。1904—1948 年，中国近代石油工业在长达45 年的时间里，步履艰难、经营惨淡，累计生产石油不过 279 万吨。直到 1948 年，当年的石油产量也只有 8.9 万吨。这与同一时期的西方发达国家相比，的确相差甚远。根据新中国成立前大约 44 年的统计，该时期内，我国一共进口"洋油"2800 万吨，"外国石油公司的油品倾销中国市场，民族石油工业处于岌岌可危的境地"①。1949 年，新中国成立，中国也只有玉门老君庙、战备延长、新疆独山子三个小油田，以及四川自流井、圣灯山、石油沟三个小气田，石油地质储量 2900 万吨，天然石油产量仅为 7 万吨；在东北有 9 个人造石油厂，大都没有完全建成，人造石油产量仅为 5 万吨。全国只有 3 个勘探处、8 个地震队，大小钻机仅仅有 7 台；石油职工只有 1.1 万人，其中技术干部约700 人。② 中国近代石油工业基础相当薄弱。

一、红军时期

若忽略新中国成立前中国共产党领导的石油工业战线历史性成就，只从 1949 年新中国的石油工业史开始写起，是不全面的。我们必须肯定党领导下的从红军时期开始的石油工业发展成就史。从中央红军长征到达延安开始，中国共产党与中国石油工业就紧密联系在了一起，中共中央在延安的近 13 年中孕育了"延安精神"，其与"石油精神"

---

① 《当代中国的石油工业》丛书编辑部．当代中国的石油工业 [M]．北京：中国社会科学出版社，1988：12．

② 《当代中国的石油工业》丛书编辑部．当代中国的石油工业 [M]．北京：中国社会科学出版社，1988：12．

血脉相连。

（一）解放延长油矿，组建工人队伍

延长油矿是中国大陆开发最早的天然油矿，初创于 1905 年，由于那时国家积贫积弱、战乱频仍，加之管理机构和人员频繁更迭，投资开发计划难以落实等，其生产经营水平长期在低位徘徊，发展步履维艰。直到 1935 年 4 月，刘志丹率领的工农红军解放了延长县，1936 年 10 月，毛泽东率领中央红军结束了两万五千里的长征，顺利抵达陕北，加快了对陕北石油的管理和勘探开发步伐。中国共产党在建立、巩固陕北根据地的过程中十分重视延长石油厂（新中国成立后改名"延长油矿"）的石油生产，延长石油厂在中国共产党人的手中重获新生。在边区政府的领导下，延长石油厂恢复生产，标志着中国共产党开始管理中国的石油工业。中国共产党的重视和支持，使延长油田在极其困难的情况下，得以稳步发展。[①] 延长石油厂也逐步成长为陕甘宁边区的工业顶梁柱。红军解放延长石油厂时，一部分工人正在烟雾沟打井，另一部分工人正在东厂、西厂进行石油的生产。1935 年 4 月 27 日，随着阵阵枪声，国民党守军与地方武装势力乱作一团，在工农红军的进攻下，国民党守军与地方武装势力成为"瓮中之鳖"。工人们激动地奔走相告："当官的老爷们，地主豪绅们，油厂的头们快完蛋啦！好日子到来啦！"第二天，红军在县城的一个学校召开群众大会，邀请工人代表坐在前排，刘志丹从民族斗争形势讲到阶级斗争形势，从革命讲到中国共产党，使到会的工人们备受启发。

（二）成立中国石油工业史上第一个党支部

1935 年 5 月，中国石油工业史上第一个党支部在延长石油厂成立。

---

① 《百年石油》编写组．百年石油 ［M］．北京：石油工业出版社，2009：11．

工人们相继加入中国共产党。其中，郝巨才被选为油厂厂长兼延长县苏维埃政府副主席，董开泰担任延长县劳动部部长，李长青被选为延长县肃反委员会委员。同时，工会组织也随之成立。部分工人也踊跃报名参加了工农红军。1935 年 10 月，高登榜就任特派员，并兼任党支部书记。党支部成为延长石油厂的领导核心。延长石油厂是新中国成立前革命根据地唯一的油田，为抗日战争、解放战争的胜利做出了巨大贡献，被誉为"功臣油矿"。党支部不仅是油田的政治组织，更是生产和管理的领导核心。在这里，党组织活动与石油的开采、生产紧密结合，形成了一种独特的工作模式，党支部发挥着至关重要的作用。从此，延长石油厂在中国共产党的领导下，不断发展壮大。

（三）恢复石油生产，保障红军需要

在高登榜等人的带领下，延长石油厂上下联动、群策群力、土法上马，全力恢复生产，其所产出的汽油、煤油、石蜡、擦枪油、凡士林、石墨等产品，源源不断被运往中央驻地和当地机关、部队、学校、团体，保障了军车的行驶、机械的转动、枪机的润滑，点亮了不计其数的马灯、油灯。边区印刷边币、书报及宣传材料等所用的油墨，也均来自延长石油厂。1936 年 1 月 28 日，毛泽东部署中国人民抗日先锋军东征时，路过延长县，住在工人何延年腾出的窑洞里。毛泽东在这里住了 4 天，召开了重要会议。在会上，毛泽东分析了当时的国内外形势，指出了红军东征的意义，统一了对战略问题的看法，打消了顾虑，还研究了干部调配等具体问题。据老工人回忆，主席在油厂吃过一顿饭，找油厂负责人了解过情况，还对油厂进行了视察。[①] 当时，延长石

---

① 梁华，刘金文. 中国石油通史［M］. 北京：中国石化出版社，2003：142.

油厂在敌人包围、封锁、骚扰和破坏下，采油、炼油活动时续时断，生产节奏很不正常。可工人们仍然和红军一条心，在人力、物力等各个方面，不遗余力地给工农红军和土地革命予以支援。当党中央初来陕北时，延长石油厂知道中央领导同志缺乏工作需要的电灯用油，于是立马开展提炼煤油、赶制蜡烛的工作，并第一时间送往瓦窑堡，解决中央领导同志的照明问题。当时红军印刷书报、陕北苏维埃政府发行纸币都需要大量油墨，于是工人们又学做油墨以供所需。红军长征会师后使用的擦枪油也是延长石油厂生产的。作为当时全中国仅有的石油矿，自 1935 年 12 月至 1936 年 2 月仅 3 个月时间里，延长石油厂在中国共产党的领导下，提炼挥发油 200 千克、汽油 1000 千克、头等油 1.3 万千克、二等油 6000 千克，超过了延长石油厂以往任何一年的产量。这些石油产品除充分供给红军与机关需用外，还"大批运输出口"，3 个月盈余 2000 余元。

二、抗日战争时期

（一）重视石油工业，扩大石油生产

1937 年，抗日战争全面爆发，日本帝国主义很快占领、封锁了中国沿海地区及各港口，切断了中国对外联系的海上通道。在此时期，石油工业得到进一步重视。这一时期，为了解决陕北抗日根据地原油产量不足的困难，在党中央的直接领导下，延长石油厂扩大生产，加强了对根据地内的石油地质勘查工作。1940 年，延长石油厂的工程师在勘探器材短缺和地质资料缺乏的条件下发现了七里村油田。在延长县城的西山钻凿出新井——延 19 井。

1943 年，七里村打出旺油井，为解决石油运输急需问题，朱德总

司令将自己乘坐的道奇卡车调派给延长石油厂，有力支持了石油生产，鼓舞了职工士气。在得知延长石油厂钻井缺少封水套管的消息后，359旅旅长王震命令将缴获的日军山炮炮筒送给石油厂，由工人制作成封水套管，解决了钻井封水的难题。

从1939年到1946年，七里村油田在中国共产党的领导下，共生产了原油3155吨，汽油163.943吨，煤油1512.330吨，蜡烛5760箱，蜡片3894千克。不仅满足了边区军民用油需求，还用这些产品从国统区换回电讯器材、西药、布匹等许多抗战紧俏物资，实现了毛泽东关于"增加煤油生产，保障煤油自给，并争取一部分出口"的指示目标，使煤油产量"足供边区消费而有余"。

在党的领导和培养下，延长石油厂不仅生产出了大量油品，也涌现出一大批以陈振夏为代表的优秀共产党员和劳动模范。1944年，毛泽东为延长石油厂厂长陈振夏写了"埋头苦干"的题词，并号召边区的各厂厂长、工程师、技师及全体职工向他学习。这是毛泽东对中国石油行业的第一次题词。从此，"埋头苦干"成为中国石油人薪火相传的精神财富，成为中国石油工业成长的根、发展的魂。

七里村油田的开发，丰富了人们对延长油田的认识，展示了延长油田广阔的发展前景。延长石油厂的石油储运水平和能力得到提高后，炼油量也随之猛增。炼油工人们在极其简陋的炼油装备和设施辅助下，积极响应党中央"大生产"的号召，加班加点日夜奋战，不断改进技术，加快生产。

陕北抗日根据地石油工业的发展，不仅增强了中国共产党和边区军民的抗战力量，还彻底粉碎了国民党顽固派对边区的经济封锁，为抗日战争的胜利提供了一定的物质基础，在中国石油工业发展史上具有重要地位。

(二) 支持石油工业,支援国民政府

一方面,党中央支援开发玉门油田。甘肃玉门油矿,是中国石油工业的摇篮。地质学家孙健初,在对玉门地区进行油田地质调查时,发现老君庙干油泉、石油沟油苗和地层露头,认为这里是"将来煤油之希望"。1938年6月18日,为了抗日民族统一大业,国民政府资源委员会致函第十八集团军驻汉口办事处,请求将陕北延长石油厂的两部钻机及其器材调往玉门,并介绍甘肃油矿筹备处代主任张心田联系拆迁事宜。第十八集团军驻汉口办事处处长钱之光请示周恩来副主席,经周恩来同意后,于1938年6月20日复函:"贵会六月十八日……公函敬悉,派甘肃油矿筹备处代主任张心田先生赴陕北办理移送钻机去甘西间使用,准此!除商准周恩来同志介绍本军驻陕代表林伯渠同志,于张主任到陕时就近照料一切,并转电延安边区政府外,相应函复。"[①]1939年春,中国共产党将仅有的两套钻机和20多名技术工人用军车运到玉门老君庙油矿。1939年8月,玉门油田使用支援的钻机,在玉门老君庙打出了第一口产油井,此井也被称为"石油抗战第一井",从而揭开了开发玉门油田的序幕。玉门老君庙油田,成为当时中国最大的油田,也是世界上开发最早的非海相油田之一。在共产党的支援下,自1939年至1948年,玉门油矿生产原油45.5万吨,成为当时中国最大的油田,被誉为"中国石油工业的摇篮"。玉门油矿的开发建设,为中国培养了能够掌握近代石油工业生产管理的技术人员,为创建新中国现代石油工业发挥了重要作用。

---

① 梁华,刘金文. 中国石油通史 [M]. 北京:中国石化出版社,2003:153.

另一方面，党中央支援了新疆油田石油工业发展。抗日战争全面爆发前，身为新疆边防督办的盛世才在中国共产党的帮助下，确立了"反帝、亲苏、民主、清廉、和平、建设"六大政策，与中国共产党建立了抗日民族统一战线，从1936年开始与苏联合办独山子油矿。盛世才邀请中国共产党派干部到新疆帮助他开展工作。1938年年初，曾任中华苏维埃临时中央政府国家银行行长、中国工农民主政府经济部部长的毛泽民应盛世才的请求，并经中共中央批准，化名周彬，留在新疆工作。毛泽民具有丰富的经济和财政工作经验，因而先后被盛世才任命为新疆财政厅副厅长、代理财政厅厅长、民政厅代理厅长等职务。毛泽民在新疆任职期间，积极促进独山子油矿的生产和发展。1938年7月，独山子炼油厂向财政厅报告，说钻井现场急需黄油、灭火药粉等物品。毛泽民听罢，立即指示有关人员迅速解决。此外，他还几次拨款支持油矿的扩建，多次指示按照最低价格调拨小麦、大米和羊给独山子油矿，以满足油矿职工的生活需要。抗日战争期间，在毛泽民等共产党人的关心、支持下，新疆的石油工业有了较大的发展，为支援中国人民的抗日战争和苏联人民反对德国法西斯的战争做出了贡献。不幸的是，在1943年，盛世才在新疆捕杀共产党人和进步人士，进行反苏活动，毛泽民、陈潭秋等一批共产党人惨遭杀害，独山子油矿由此逐渐走向衰落。①

（三）扩大职工队伍，丰富行业工种

抗战期间，中国石油职工队伍逐渐壮大。陕甘宁边区延长石油厂的石油职工，由抗战爆发前的100余名，发展到抗日战争胜利前的324

---

① 梁华，刘金文. 中国石油通史［M］. 北京：中国石化出版社，2003：155.

人。四川油矿、独山子油矿、玉门油矿和重庆动力油料厂四处，在抗日战争胜利前，共有石油职工 8000 人左右。在抚顺、锦西、锦州、大连、四平、吉林日军开办的石油企业中，也有 15000 多名中国工人。在整个抗日战争期间，中国石油职工队伍由战前几百人迅速发展至 24000 多人，中国石油工业也逐渐分化出不同的行业与工种。玉门油矿到 20 世纪 40 年代后期，已有勘探、钻井、采油、炼油、土木工程、机械、水电、运输等行业和 59 个工种。石油工业出现不同的行业和工种，是中国石油工业发展的标志之一。

三、解放战争时期

（一）全国各油区的解放与保护

抗战胜利后到中华人民共和国成立前夕，中国石油工业发展速度极不稳定。由于战乱，我国石油工业受到很大破坏，1949 年，我国石油、天然气产量为历史最低。战后的中国石油地质勘探和钻井都因资金投入不足而落后，因此中国的原油产量同抗战时期相比，处于停滞状态。1946—1949 年，全国各油区共产原油 28.02 万吨。各地区的原油产量如下：在抗战胜利后至 1948 年，共计产油 9688 吨；陕北延长油矿自 1947 年 9 月西北人民解放军解放该油矿后翌年恢复生产，共计生产原油 1755 吨。1949 年 9 月 25 日，玉门油矿获得解放，中国人民解放军进驻玉门油矿，并接管了（国民政府时期的）资源委员会各个部门。① 玉门油矿是近代中国石油工业的重要基地，4 年共生产原油 268812 吨；而新疆的石油工业在战后没有恢复生产。1941 年，甘肃油

---

① 梁华，刘金文. 中国石油通史 [M]. 北京：中国石化出版社，2003：320.

矿局将油品商标定为"建国"牌，成为中国较早的油品商标，也是中国较早的国产石油产品商标。

党的地下组织为有力保护油气田厂矿企业的生产设备不被国民党在撤退时破坏，领导各油田、气田、石油化工厂进行了英勇的"护矿"运动。在接手后，第一时间进行修补，为新中国的石油工业保留了发展的基础和火种。1948年，抚顺解放，解放军第一时间接管了各石油厂矿，迅速恢复生产。在党和政府领导下，到1949年年底，80台干馏锅炉恢复生产，当年即生产石油5万吨，为解放全中国的军事用油提供了保障。1950年年底，当年生产原油量已达10.6万吨，占全国石油产量的55.8%。同年，志愿军跨过鸭绿江，抚顺生产的军用润滑油、润滑脂等产品支援了抗美援朝。

（二）中国石油有限公司的成立

中国石油有限公司正式成立于1946年6月1日，总公司设立于上海江西中路131号，依《中华民国矿业法》向经济部注册，1946年9月19日，由经济部颁发了第拾陆号执照，将其命名为"资源委员会中国石油有限公司"。"公司的任务是遵照石油国营的法令，开发经营中国石油事业，以期造成国家资本，与巩固经济基础。"（中国石油有限公司1946年度工作报告）

中国石油公司是国营事业，成立公司主要出于以下3点考虑：第一，在抗战时期惨淡经营的石油事业已略具规模，应继续发展；第二，战后接手了日本人在中国所遗留的石油设备，须善加应用；第三，为掌握外商在战前操纵的石油市场。以上3点说明了成立石油公司所具有的基础和条件。

资源委员会中国石油有限公司，自1946年成立至1949年全国解放后，只有少部分人员迁往他处，易名为"中国石油股份有限公司"。绝大部分技术业务人员，都留下来成为新中国石油工业的骨干力量。

第二节 社会主义革命和建设时期石油工业的初创与探索（1949—1978）

中华人民共和国的成立，揭开了中国石油工业现代化的新篇章。从国民经济"三年恢复"到实施"一五"计划，从石油勘探重点"战略东移"到"大庆石油会战"等时期，党和国家对石油工业做出了一系列重大决策，为中国石油工业的现代化指明了发展方向和发展道路。新中国石油工业在不到 30 年的时间里，实现了石油勘探重大突破，石油产品完全自给，原油产量跃上 1 亿吨，跻身于世界产油大国行列，为中国的现代化发展提供了坚实的能源基础。

一、恢复与崛起的石油工业

1949 年 10 月 1 日，中华人民共和国中央人民政府宣告成立，中国石油工业进入石油工业现代化发展时期。1950 年 4 月，燃料工业部在第一次全国石油工业会议上确定："在三年内恢复已有的基础，发挥现有设备的效能，提高产量，有步骤、有重点地进行勘探与建设工作，以适应国防、交通、工业与民生的需要。"① 这次会议，在中国石油工业现代化发展历程中，具有里程碑意义。会议确定的大政方针以及之

---

① 中国社会科学院，中央档案馆.1949—1952 中华人民共和国经济档案资料选编：工业卷[M]．北京：中国物资出版社，1996：210.

后的贯彻落实，极大推动和促进了石油工业的复苏与崛起。

在实施发展国民经济第一个五年计划期间，新中国第一个石油工业基地在甘肃玉门建成，勘探发现的克拉玛依油田是新中国石油勘探史上的第一个重要突破。1958 年 2 月，国务院副总理邓小平在听取石油工业部的工作汇报时指出，石油勘探工作应当从战略方面来考虑问题，总的来说第一个问题是选择好突击的方向，对松辽、华北、华东、四川、鄂尔多斯五个地区，要好好花一番精力，研究考虑一番；在第二个五年计划期间，东北地区能够找出油来就很好。① 1958 年，根据邓小平关于勘探重点战略东移的指示精神，石油工业部先后组建松辽石油勘探大队（1958 年 6 月后改为松辽石油勘探局）、华东石油勘探局、华北石油勘探处，以加强对这些地区的勘探工作。1959 年，在松辽平原勘探发现的大庆油田是新中国石油勘探史上的重大突破，标志着中国现代化石油工业开始崛起。

大庆石油会战，翻开了中国石油开发史上具有历史转折意义的一页。从 1959 年 9 月 26 日松基 3 井喷油，到扩大勘探范围、初步探明油田含油面积；从 1960 年 2 月 13 日石油工业部向中共中央请示报告，到 2 月 20 日中共中央批准《关于东北松辽地区石油勘探情况和今后工作部署问题的报告》，仅仅用了不到 5 个月的时间，充分体现了大庆石油会战筹备工作的超高效率、极快速度和坚定决心。在中共中央、国务院的直接关怀和中国人民解放军、黑龙江省及全国人民的大力支援下，大庆石油会战仅用了 3 年多的时间，就迅速探明了一个含油面积达 860 平方千米的特大型油田——大庆油田。1963 年，大庆油田原油产量达

---

① 《当代中国的石油工业》丛书编辑部. 当代中国的石油工业 [M]. 北京：中国社会科学出版社，1988：24.

439.3 万吨，成为中国东部重要的石油工业基地。同年 12 月 26 日，全国所有报纸的头版头条转发了新华社题为《从国外进口"洋油"的时代即将一去不复返》的报道，宣告了中国人民世代使用洋油的历史基本结束。

大庆石油会战取得决定性胜利，从根本上改变了我国石油工业的全局性面貌，实现了我国石油产品的基本自给，充分展示了中国石油人在中国共产党的领导下，为祖国争光、为民族争气，坚定不移地发展社会主义建设事业的革命精神；大庆石油会战不仅为国家创造了巨大的物质财富，而且在精神财富方面也获得了丰硕成果。勘探开发建设大庆油田，是在我党"自力更生、独立自主"方针的指引下，由中国人自己开发建设的一个特大型油田，是世界石油工业史上的伟大创举和成功典范，并以发现陆相油田的事实，打破了"中国贫油"论断。1963 年，全国原油产量由 1959 年的 373.3 万吨增加到 648 万吨，石油产品自给率达 71.5%。但就全国石油使用需求而言，这时的产量并不能适应国民经济和国防建设的需求，这就迫切要求我们要找到更多的大油田作为后备储量。

在华北石油勘探前期工作的基础上，石油工业部、地质部决定把勘探重点转向渤海湾地区，并组织开展了大规模的石油勘探会战，从而发现了胜利油田。这是勘探重点战略东移后，在中国东部发现的第二个大油田。胜利油田的勘探开发建设，以及大港油田的开发建设，大幅度提高了全国原油产量。1965 年，全国原油产量突破千万吨大关，实现了石油产量全部自给。华北石油勘探会战，勘探、开发、建设了胜利油田、大港油田，改善了全国的燃料构成和石油工业布局，使华北、华东以至整个沿海地区的石油工业状况大为改观，对于促进中国石油工业乃至整个国民经济的发展，具有非常重要的意义。

这一时期，中国西部石油工业发展形成"四大"油气生产基地，东部石油工业迅速崛起，海上石油工业探索起步。石油工业经过十几年的建设发展，已经成为具有勘探、开发、钻井、基建、贮输、机械制造、科研、设计、教育等专业配套的初具现代化规模的能源新兴工业部门，并取得了显著的经济效益和社会效益，为新中国国民经济的发展做出了重要贡献。

（一）接管油田恢复工业生产

新中国成立前后，在中国共产党的领导下，全国各个油气矿、石油厂相继回到人民怀抱。中国石油工业由此走向恢复与发展生产的道路。

第一步，确立石油工业方针与任务，加强勘探西北油田。20 世纪50 年代初，新中国的油气勘探力量十分薄弱，没有石油勘探地震队，只有 10 多个地质调查队，以及少量的重磁力队和为数不多的钻井队。1950 年，燃料工业部经过深入研究，确立了石油勘探的基本原则和重点方向，并据此制订了详细的勘探工作计划。同时，为了加强统一管理和协调工作，我国成立了石油管理总局，全面负责石油勘探、开发和生产建设的统一规划与管理。这些举措为石油工业的初步发展奠定了坚实的基础。在国民经济三年恢复时期，新中国石油普查勘探工作在中国共产党的领导下迈出可喜的第一步。

第二步，恢复生产规模，解放石油工业生产力。在国民经济恢复时期，燃料工业部①明确提出了大力勘探开发西北石油资源的战略决策，并着力于恢复西北老油田和东北人造石油工业的生产。在玉门油矿，通过民主改革实施和新的管理制度推行，有效解放了生产力，使得原油生产能力得到了显著提升。同时，东北人造石油工业也克服了重重困难，实现了生产的稳步恢复。这些措施不仅为国民经济的恢复提供了重要的支持，也为石油工业的进一步发展提供了重要保障。历时3年的恢复工作是艰苦的，然而在中国共产党的带领下，石油工业从此迈开了前进的步伐。1952年西北老油田全部恢复生产，且卓有成效。东北人造石油工业在国民经济建设中发挥了重要作用，并从油品供应上支持了伟大的抗美援朝战争。中国共产党的领导对我国石油工业的生产力发展产生了极大推动作用。

第三步，调动军队力量，组建石油工业建设大军。面对石油工业技术人才短缺的现实问题，政府高度重视并采取有效措施加以解决。除了号召广大技术人员回归石油工业岗位，设立高等院校石油科系，培养更多专业的石油工业人才之外，石油工业技术人才仍存在很大缺口。面对这一问题，1952年3月，燃料工业部西北石油管理局局长康世恩，将《关于调拨一个建制师担任第一个五年计划中发展石油工业基本建设任务的报告》呈报燃料工业部。报告中提出，为完成年产350万吨（"一五"计划末）天然石油的产量计划，在五年内需要大批的干部和工人，而这对西北地区而言有很大困难。为解决石油工业缺员的

① 1949年10月1日，中华人民共和国成立，中央人民政府设燃料工业部；10月19日，中央人民政府委员会第三次会议，任命陈郁为燃料工业部部长。1950年4月13至24日，燃料工业部在北京召开第一次全国石油工业会议，部长陈郁做题为"中国石油工业方针与任务"的报告。会议决定，成立石油管理总局，下设西北石油管理局。同年7月，徐今强任石油管理总局代理局长。

实际问题，毛泽东做出重要批示，批准中国人民解放军第十九军第五十七师转制为中国人民解放军石油工程第一师，以支持石油工业的发展。该师在师长、政委的率领下，迅速投入石油工业生产的战场，肩负起国家赋予的重任。至 1956 年，"石油工程第一师"的番号正式撤销，其成员已全面融入石油产业大军，参与了石油工业的一系列大型会战，成为推动石油产业发展的中坚力量。这些转业人员以及后续加入石油战线的解放军指战员，在经过系统的培训后，迅速掌握了业务技术知识和基本操作技能，成为石油战线上不可或缺的重要骨干。石油工程第一师不仅为石油工业注入了新生力量，同时也将中国共产党和人民解放军的优良传统和革命精神带到石油职工队伍中，为构建一支组织纪律严明、具有高度献身精神和艰苦创业精神的石油产业大军奠定了坚实基础。该师为中国石油工业现代化的推进做出了历史性贡献，其功绩将永载史册。

（二）战略决策实现重点突破

20 世纪 50 年代初期，国家开始实施发展国民经济第一个五年计划（以下简称"一五"计划），石油工业进入大规模建设阶段。1954 年 3 月，第五次全国石油勘探会议确定了"一五"计划期间的勘探任务是加强酒泉及四川盆地的勘探工作，继续进行对陕北地区、潮水盆地以及民和盆地的勘探，稳步开展对吐鲁番盆地及柴达木盆地的勘探，并为第二个五年计划准备勘探区域。1957 年 11 月 16 日，中共中央转发石油工业部《第一个五年基本建设计划初步总结与第二个五年计划的建议》①。1958 年 2 月，邓小平听取石油工业部余秋里等人的汇报，并

---

① 《中国石油工业百年发展史》编写组. 中国石油工业百年发展史 [M]. 北京：中国石化出版社，2021：64.

在会议上做出了石油工业战略东移这一影响中国石油工业的重大决定。这一时期，中国石油工业在西部勘探和东部勘探中都取得了重大突破。

一方面，西部勘探取得重要进展。为加快石油工业的发展，中共中央和政务院做出一系列重要决策，为西部的石油资源普查、石油勘探注入新的活力。1953年12月，毛泽东就中国石油资源问题征询李四光的意见。毛泽东指出："要进行建设，石油是不可缺少的，天上飞的，地上跑的，没有石油都转不动。"李四光表示，在中国辽阔的疆域内，天然石油的蕴藏量应当是丰富的，关键是要抓紧做地质勘探工作。基于中国基本国情，要想长远地从根本上解决石油问题，只有大力勘探开发天然石油才有可能。因此，国家在"一五"计划中明确指出："石油工业在我国特别落后，不但产量很低、设备能力很小，而且是资源情况不明。因此，要求我们大力勘察天然石油的资源，同时发展人造石油，长期地积极地努力发展石油工业。"[①] 为贯彻国家"一五"计划关于发展石油工业的指导方针，地质部、燃料工业部加强了西部地区的石油普查、资源勘探及组织领导工作。1953年1月，康世恩任燃料工业部石油管理总局局长。[②] 1955年，地质部将普查委员会作为石油普查的主管部门，其工作重点转为以石油普查和部分详查为主，并在北京召开了第一次石油普查会议，安排开展油气普查工作；10月，全

---

① 中共中央文献研究室．建国以来重要文献选编：第六册［M］．北京：中央文献出版社，1993：388.

② 1950年4月，燃料工业部决定成立石油管理总局，下设西北石油管理局；7月，徐今强任石油管理总局代理局长，康世恩任西北石油管理局局长。1953年1月31日，康世恩任石油管理总局局长。石油管理总局决定撤销西北石油管理局，在西安成立地质局和钻井局，在北京成立设计局。张俊任地质局局长，地质局下设陕北、酒泉、潮水、新疆、青海、四川地质大队；张文彬任钻井局局长，钻井局下设玉门、延长、永坪、四郎庙、独山子、虎头崖等油矿和探区。1953年3月，石油管理总局设计局成立，田方任代理局长。

面加强西部石油资源区域勘探取得了重要进展，在新疆准噶尔盆地黑油山地区，勘探发现了新中国成立后的第一个大油田——克拉玛依油田。

另一方面，战略东移实现重大突破。中共中央、国务院非常关心和重视石油工业的发展。1958年2月，分管石油工业的中共中央书记、国务院副总理邓小平在听取了余秋里等人的汇报后，精辟地指出："听说你们石油工业部有搞人造油和天然油的讨论？石油工业怎样发展，我看还是两条腿走路。人造油是要搞的，并且下决心搞。但中国这样大的国家，当然要靠天然油。"[①] 邓小平从发展石油工业必须立足于自身的基点出发，提出了实行天然油、人造油并举的主张，主要发展天然油，必须加强石油勘探设备的制造，加快石油勘探队伍的发展。在谈到第二个五年计划的勘探重点时，邓小平以战略视角为先导，强调石油勘探工作应该从战役与战术的层面综合分析，从而进行全面规划与布局。次日上午，邓小平在听取汇报中指出："在第二个五年计划期间，东北地区能够找出油来，就很好。把钱花在什么地方，是一个重要的问题。总的来说，石油勘探第一位问题是选择突击方向，不要十个手指头一般平。全国如此之大，应该选择重要的地方先突击。"[②] 邓小平还就勘探部署提出了具体要求，强调华北地区和松辽地区在经济价值上相当，应组织专家进行辩论，制订具体方案。他要求石油工业部在制定勘探战略时，要明确轻重缓急，合理安排各地区的勘探次序。邓小平的指示，从战略高度深刻阐明了发展中国石油工业的道路，制

---

① 中共中央文献研究室. 邓小平文集（一九四九——一九七四年）：中卷［M］. 北京：人民出版社，2014：503.

② 中共中央文献研究室. 邓小平文集（一九四九——一九七四年）：中卷［M］. 北京：人民出版社，2014：476.

定了石油勘探战略重点东移的重大决策，正确体现了中共中央、国务院发展石油工业的方针政策。从此，石油勘探的重点，开始向东部战略转移。1959 年 9 月，大庆油田的发现，标志着战略东移这一决策对中国石油工业的大力推动。

根据国家确定的指导方针，20 世纪 50 年代末，石油工业已发展成为具有勘探、开发、钻井、基建、机械制造、科研、设计、教育等专业配套，初具规模的新兴工业部门。石油勘探部署的东移不仅扭转了石油工业的被动局面，也为中国石油工业的发展奠定了坚实的基础，大庆油田的开发与建设也标志着中国石油工业的崛起。

（三）哲学思想指导石油会战

1960 年 2 月 20 日，中共中央经过慎重研究，正式批准了石油部呈报的《关于东北松辽地区石油勘探情况和今后工作部署问题的报告》，做出了全面开展石油人会战的决策部署。此次会战旨在以高效率、高标准、高质量推进大庆油田的勘探开发工作，坚决扭转我国石油工业落后的局面。1960 年 4 月，大庆石油会战在全国范围内如火如荼地展开。会战伊始，石油部机关党委便迅速做出反应，于 4 月 10 日发布《关于学习毛泽东同志所著〈实践论〉和〈矛盾论〉的决定》的文件。这一文件作为会战初期的重要指导性文件，明确要求全体参与会战人员深入研读"两论"精髓，以辩证唯物主义的立场、观点和方法为指导，正确认识和妥善处理会战过程中遇到的各种困难和矛盾，确保会战的有序推进和最终取得全面胜利。之所以在会战初期就强调对"两论"的学习，是因为这两部著作所蕴含的深刻哲学思想，对于指导石油会战具有重要的战略意义。

第一，"两论"深入阐述了实践与认识的辩证关系，强调了实事求是、从实际出发的工作路线。油田勘探开发的工作复杂，需要通过不断实践来获取一手资料，再通过不断验证，做出符合实际情况的论断。这一思路将唯物辩证法的哲学思想贯穿到石油勘探开发的全过程。毛泽东的"两论"恰恰可以为这一思路提供思想上的指导。于是在石油会战中，石油工人坚持深入实际，对地质构造、油气资源分布等进行详尽的研究与分析，确保了大庆油田开采方案的科学与合理性。

第二，"两论"明确了矛盾是事物发展的内在动力。在石油会战中，我们会面临各种矛盾和挑战，如设备故障、技术瓶颈等。这些矛盾和问题并非阻碍，反而是推动会战不断前进的动力源泉。因此，我们必须正视矛盾和挑战，寻求有效的解决策略和创新方法。大庆会战之初，我国处于内外部环境复杂的形势之中。外部面临苏联专家的撤离和美国经济的封锁，内部则面临东北艰苦的自然环境、生活环境。面对重重困难，正需要科学的理论来指导实践，分析和解决决定会战成功与否的主要矛盾和最大困难，进而调动参与会战人员的积极能动性。

第三，"两论"强调了人民群众在革命和建设中的主体地位。在石油会战中，广大工人和技术人员是核心力量，他们的智慧和创造力是会战能否成功的关键。比如，在固井时发现水源不足的问题，石油工人们积极发挥主观能动性，主动寻找水源，以人工挑水及时解决固井问题。石油工人面对任何困难，先主动思考如何解决，不等、不靠、不要，于是石油工人队伍主动作为的积极性也随之调动起来。1960年11月，采油战线掀起了整体揭露生产问题、提升生产和职工精神面貌的大检查运动。这次检查，以"矛盾论"为指导，集中了主要力量，解决了工作中出现的主要矛盾，建立了新的规章制度，进一步调动了全体石油工人工作的积极性和主动性，使整个采油战线的工作步入了新轨道。

大庆石油会战的实践证明，"两论"是大庆会战的灵魂。1964年12月，周恩来在第三届全国人民代表大会第一次会议上所做的政府工作报告中，高度概括、总结了大庆油田的基本经验，指出："这个油田的建设，是学习毛泽东思想的典范，用他们的话说，是'两论起家'，就是大学《实践论》和《矛盾论》，用辩证唯物主义的观点，去分析、研究、解决建设中的一系列问题。这个油田的建设，也是学习解放军，具体运用解放军的政治工作经验的典范。这个油田的建设，自始至终地坚持了集中领导同群众运动相结合的原则，坚持了高度革命精神同严格科学态度相结合的原则，坚持了技术革命和勤俭建国的原则，全面体现了社会主义建设总路线的多快好省的要求。"大庆石油会战的胜利，促进了我国石油工业的全面发展，使它从国民经济建设中的一个薄弱环节，转变为一个重要的能源生产部门，从根本上改变了中国石油工业的面貌。大庆石油会战的胜利，是中国石油工业发展史上的一个重要里程碑，是中国油气田开发由初级阶段走向成熟的标志，也是具有中国特色陆相油气田开发理论与思路形成的起点。

（四）科技教育推动工业前进

科技和教育对于推动石油工业的发展具有重要的作用。科技的进步和创新，为石油工业的发展奠定了科学的理论基础，科技也决定着生产力的发展。而教育则可以为石油工业提供源源不断的人才和技术支持，推动其不断向前发展。

一方面，石油科技的发展为石油工业奠定科学理论基础。新中国成立前，全国石油工业只有两个小型实验室，一个是上海地球物理实验室，另一个是玉门油矿研究实验室，每个实验室各有十几名职工。全国仅有的几支地质队靠罗盘、地质锤、放大镜和一些简陋的仪器，从事野外踏勘调查及研究工作。新中国成立后，则陆续成立了独山子中心科学研究总化验室、玉门油矿地质室、四川石油勘探局中心实验室等。国家"一五"计划期间，建立并形成了中国石油科研机构的雏形。但由于力量薄弱，这一时期有关石油工业的重大科技问题，主要由中国科学院和有关高等院校承担。1955年，中国石油工业代表团到苏联考察，苏方同意帮助中国开展全国石油和天然气地质勘探研究工作。1956年，石油工业部成立北京设计院、广州设计院、抚顺设计院。年末，中国派出以郭沫若为团长的访苏代表团，与苏联签订了帮助中国建立科研机构的协议。1958年，石油工业部成立石油科学研究院。全国性石油科研机构的建立，标志着新中国石油科学技术研究业已起步，开始进入新的发展阶段。当时，我国已经开始着手的一些研究工作，如对生油母质的研究等，在世界上属于起步较早的研究。1960年，为适应大庆石油会战的需要，石油工业部从全国各油田抽调大批科技人员前往大庆，并把北京的石油科学研究院油田开发研究室和钻井机械研究室的大部分人员调往大庆，成立了石油科学研究院松辽研究站，并在此基础上成立了大庆科学研究设计院，其研究成果有多项获得国家发明奖。1964年以后，胜利油田、大港油田相继成立了科研机构，玉门、新疆、四川等油气田的科研队伍也迅速扩大。20世纪50年代至60年代，广大科技人员紧密结合生产需要，并在各方面的支持下，解决了石油勘探、油田开发和生产建设中的一个又一个技术难题，使石油科技研究工作有了较快的发展。

另一方面，石油教育的发展为石油工业奠定人力资源基础。石油教育事业，是石油工业发展的重要基础，新中国成立以来，石油学科教育从无到有，并随着油气资源的勘探开发、油气田生产建设的需要逐步完善，初步建立和发展形成了一个专业比较齐全与多种教育形式并存的石油教育体系。新中国成立前，大专院校未设石油专业学科。新中国成立后，石油学科教育应运而生。在中央人民政府、高等教育部的重视和支持下，1952年，清华大学成立了石油工程系，此后，重庆大学、浙江大学、中国人民大学、西北工学院、大连工学院等院校，先后分别成立了石油组、地质组、钻井组、液体燃料组、石油炼制组、石油机械组等教学机构。石油教育的时兴起步，为开展石油学科高等教育和建立专门的石油院校，打下了坚实的基础。根据周恩来的指示，国家在对全国高等教育院系进行调整时，决定以清华大学石油工程系和其他院校的有关专业为基础组建北京石油学院。1953年10月1日，经燃料工业部报请高等教育部备案，正式成立了北京石油学院，标志着新中国石油高等教育迈出坚实的第一步。20世纪60年代中期，新中国石油学科教育事业初具规模。

新中国石油教育事业取得了很大成绩，较快、较好地培养了大批石油工业各级各类专门人才，使石油工业职工队伍素质有了明显提高，基本上适应了现代石油工业发展的需要，也为此后石油工业现代化发展打下了良好基础。

二、曲折中前进的石油工业

自20世纪60年代中期至20世纪70年代末，中国石油工业走过了艰难而光辉的历程。

在那个特殊时期，石油工业处于十分艰难的境地。那时，国民经济状况恶化，能源供应越来越紧张，迫切要求扩大石油生产，石油工业承受着巨大的压力。当时，周恩来总理，李富春、李先念副总理以及余秋里等中央领导人十分关心石油工业，并及时给予了力所能及的支持和保护，使石油职工有可能在极端困难的条件下，努力排除干扰、竭尽全力、搏击奋进、负重前行。

1966—1978 年，石油战线的干部职工顶着压力坚持抓生产，不仅高水平地全面开发大庆油田，而且组织开展了渤海湾地区、江汉、河南、陕甘宁长庆地区等勘探开发会战，石油工业取得突破性发展。大庆油田顶住压力，遇挫奋起，科学开发，同时迅速将原来作为后备油田的喇嘛甸油田投入开发，1976 年，我国原油产量冲上 5000 万吨。在整个渤海湾地区建成了包括胜利、大港、辽河、华北油田在内的中国东部第二大的油气区，在内地新区发现并建设了一批新油田，中国石油工业布局发生了重大变化，石油生产的重点由西部转向了东部。1978 年，我国实现了原油产量冲上 1 亿吨的目标，从而跨入世界主要产油国的行列。

该时期，随国家机构改革，石油工业管理机构历经数次调整。1967 年 6 月，石油工业部开始实行军事管制，1970 年 6 月 22 日，燃料化学工业部成立。1971 年 5 月，康世恩接受燃料化学工业部的任命。1975 年 1 月，燃料化学工业部撤销，煤炭工业部和石油化学工业部成立。最终，1978 年 3 月 5 日，第五届全国人民代表大会决定康世恩任国务院副总理兼国家经济委员会主任，撤销石油化学工业部，成立石油工业部和化学工业部。

（一）顶压生产支撑国民经济

大庆油田在"文化大革命"中，不可避免地经历了挫折，生产建设受到了很大影响。大庆油田广大职工坚决贯彻执行周恩来总理"要恢复'两论'起家基本功"的指示，排除干扰，克服困难，对老油田进行了调整，并加强了对新油田的开发建设。1975年前后，大庆油田职工认真贯彻执行了邓小平提出的全面整顿的方针，加强思想政治工作，整顿了队伍，进一步完善了管理工作，加快了生产建设步伐，原油产量不断增长。1975年，大庆油田的原油年产量达到4626万吨，比1966年增加了3565.1万吨。同时经过勘探，还准备了一批可供开发的新油田。在油田开发理论研究和工艺技术攻关方面，大庆油田也取得了新的进展，这些都为1976年大庆油田实现原油年产量达5000万吨，做了多方面的准备。

一方面，大庆油田面对挫折积极调整，保障了石油工业现代化的推进。按油田发展规律，那时期的大庆油田正处于产量上升时期，开发好大庆油田，对中国石油工业来说，至关重要。可是，1966年7月，"文化大革命"波及大庆，导致大庆油田正常的开发建设程序和生产工作秩序完全被打乱。油田的开发建设遭到极大干扰和破坏，造成原油生产被动，工程质量下降，井喷、爆炸等恶性事故不断发生的严重后果，原油生产工作陷于被动局面。在这种混乱情况下，大庆油田各项工作制度无法实行。面对油田开发中的挫折，当时担任大庆革委会副主任的王进喜挺身而出，向周恩来总理反映了情况，周总理非常关切。1969年年底，周恩来总理发出"恢复'两论'起家基本功"的指示，并要求石油工业部立即派人到大庆油田帮助解决问题。[①] 中共中央、国务院、中央军委也对大庆油田采取了特殊保护措施，这一切支持极大

---

① 梁华，刘金文. 中国石油通史：卷三［M］. 北京：中国石化出版社，2003：203.

地鼓舞了在困难中坚持生产的大庆职工。在 1974 年 9 月的劳动模范大会上，大庆党委、革命委员会反映了广大职工的意愿，提出了"大干社会主义有理，大干社会主义有功，大干社会主义光荣，大干了还要大干"的口号。1970 年 4 月，根据周恩来总理的指示精神，石油工业部副部长孙晓风带领工作组来到大庆，开始了大庆油田开发的调整工作。大庆油田领导干部宋振明、陈烈民等陆续恢复工作，生产管理部门和科研部门逐步恢复了正常的工作秩序，油田地质、开发和工程技术人员深入实际，调查研究。从 1971 年起，恢复了每年的一至两次地下情况大调查的工作，加强资料录取和分析研究，使油田调整更有针对性，逐步恢复起"两论"起家的基本功。大庆油田在经实际调查，充分掌握第一手资料的基础上，召开技术座谈会，讨论、确定油田开发的重要技术决策问题。同时，逐步恢复了岗位责任制大检查活动，并大力加强思想政治工作和基层建设工作，而后涌现出一批先进单位。

另一方面，全国开展"工业学大庆"活动，以石油工业带动国家工业化建设。1977 年，中共中央为了进一步推动工业学大庆的群众运动，普及大庆式企业，于 1 月 19 日发出《关于召开全国工业学大庆会议的通知》，并指出，大庆工人阶级，在全国经济遭受暂时困难的时候，以不怕苦、不怕死的英雄气概，革命加拼命，高速度、高质量地拿下了全国第一个大油田，把大庆建设成为多快好省的发展社会主义经济阵地。全国工业学大庆会议于 1977 年 4 月 27 日在北京人民大会堂继续进行，会上各代表交流了各地开展工业学大庆运动、普及大庆式企业的经验；5 月 4 日，国务院副总理余秋里受中共中央委托，在大会上做了题为《全党、全国工人阶级动员起来，为普及大庆式企业而奋斗》的报告；5 月 9 日，中共中央副主席叶剑英接见与会人员，并在大会上做了重要讲话，给与会人员以极大的鼓舞和启发；大会于 5 月 13 日在北京闭幕。会议期间，北京还举办了《全国工业学大庆》展览。全国工业学大庆会议的召开，对于全国工业、全国石油工业及大庆油田的各项工作起到了重要推动作用。这次会议把学不学大庆，提到了走不走自己工业发展道路的高度，要求在第五个五年计划期间把全国 1/3 的企业建成大庆式企业，并将 1977 年计划建成大庆式企业的数字分配到各省、市、自治区。会议以后，大庆油田狠抓以提高质量为中心的企业管理和整顿工作，进一步建立健全了各项质量标准和管理制度，提出了向更高目标进军的计划。1978 年，大庆油田 8 项经济技术指标全部提前和超额完成全年计划，许多指标创造了历史最高水平。

由于这次会议是在特定条件下召开的，主要领导人对经济工作中的急于求成和其他一些"左"倾政策的持续影响，提出了"石油部门要为创建十来个'大庆油田'而斗争"的目标。这种不顾客观条件的"左"倾指导思想，结果只能是事与愿违。好在大庆油田职工在"文化大革命"期间，顶住了"江青反革命集团"的干扰破坏，生产建设一天没有停止。从 1966 年到 1975 年，大庆油田共生产原油 24757 万吨，完成财政上缴 2332 亿元，为支撑动乱中的国民经济做出了重要贡献。

（二）调整机构全面开发油田

"分久必合，合久必分"，用此来形容我国石油工业管理体制的变化，也许比较贴切。新中国成立以来，我国石油工业管理体制的改革可谓一路小跑，几乎在历次国务院机构改革中都有新动作、新调整。

开国大典后的第 9 天，即 1949 年 10 月 9 日，在全国人民欢庆新中国成立的鼓声中，中央人民政府燃料工业部正式成立，主管煤炭、电力、石油工业的生产建设工作。1950 年 4 月，全国第一次石油工作会议召开，为加强对石油工业的领导，会议决定在燃料工业部内设石油管理总局。新中国成立之初，我国石油工业基础相当薄弱。当时全国只有西北地区的甘肃玉门、陕北延长、新疆独山子的几个小油田以及西南地区的四川几个气田和东北地区几个人造油厂。当年我国石油产量只有12万多吨，技术装备也十分落后。同时国际环境也面临着西方国家的经济、技术封锁，油品禁运。新中国成立之后的第六个年头，国家意识到石油的重要性，开始组织石油勘探相关工作。

在这种背景下，1955年7月30日，第一届全国人民代表大会第二次会议决定撤销燃料工业部，成立石油工业部，并任命李聚奎为第一任石油工业部部长。然而，在第一个五年计划期间，石油工业部未能完成预期任务，引起了毛泽东主席的关注。随后，在1958年2月20日，时任总后勤部政委余秋里与石油工业部部长李聚奎的职务对调，于是，余秋里成为石油工业部的第二任部长。在余秋里的领导下，石油工业部取得了显著成就。20世纪50年代后期至70年代初，大庆油田、渤海湾等各大油田相继建成，石油工业的管理体制也日趋完善。然而，在1967年6月，石油工业部开始实行军事管制，于此之后，石油工业部又经历了三次重组与三次拆分。1970年6月22日，中共中央决定将煤炭工业部、化学工业部和石油工业部合并，成立燃料化学工业部。康世恩随后也加入该部门，担任重要职务。1975年1月17日，第四届全国人民代表大会第一次会议决定撤销燃料化学工业部，成立煤炭工业部和石油化学工业部，康世恩出任石油化学工业部部长。最终，在1978年3月5日，第五届全国人民代表大会做出决定，康世恩任国务院副总理兼国家经济委员会主任，撤销石油化学工业部，恢复石油工业部和化学工业部。1978年，石油工业部再次被改革重建，踏上了新的发展历程。

（三）初步开创海洋石油工业

海洋是石油工业发展的另一重要阵地，也是未来石油工业大发展的主要后备战场。中华人民共和国成立后，在大力发展陆上石油工业的同时，中国也开始了对海洋石油的勘探开发。在一穷二白的工业基础上，石油人发扬"大庆精神""铁人精神"，自力更生，艰苦创业，勘探发现了一批油气田，并不断尝试在海上钻井采油，终于在1967年迎来了渤海湾的报春燕——"海1井"成功出油，进而逐步开创了中国的海洋石油工业。

第一，"海1井"拉开中国海洋石油工业的序幕。20世纪70年代，发达国家纷纷采用高新技术开发海上石油资源，并为此展开了激烈竞争。而中国拥有广阔的海洋面积却还从未开垦过。1956年，海南岛渔民出海时发现海面有油花，消息传到了北京，石油部便派物理勘探专家翁文波南下广州探个虚实。翁文波亲自设计浮筒式钻井船，打出少许原油，可是钻井船被海浪摧毁，后来又在那里立起了航标灯。1965年，石油部制定了"上山、下海、战平原"的战略部署。1966年，海洋勘探室自行设计建成了1号混凝土桩基钢架固定式海上钻井平台，1967年6月14日，"海1井"喷出原油，这是中国海上第一口工业油流井，自此拉开了渤海油田生产史的序幕，标志着中国海洋石油工业发展进入了新阶段。1969年8月，石油工业部批准成立了海洋研究所，极大地助推了海洋石油的发展。通过自主建造和引进国外先进装备，我国此阶段已经拥有了40多座（艘）新型钻井平台、数字地震船、专用工作船等，可以独立开展海洋油气资源的勘探、开发和生产活动。1982年，中国海洋石油总公司成立，最高年产油气17万吨。

第二，"四三方案"引进装备助推海洋石油工业发展。1973年，我国计划在今后三五年内引进43亿美元的成套设备，这个总价值为43亿美元成套设备引进方案被称为"四三方案"，这是当时自中华人民共和国成立以来投资最多、规模最大的引进专案。与此同时，国家还给石油工业拨专款6亿美元，用于引进国外先进技术与装备。1973—1980年，中国用于引进国外石油先进技术装备的外汇高达14亿美元。通过"四三方案"，石油工业部先后从新加坡、美国、挪威及日本等国家引进一批具有当时国际先进水平的海洋石油钻井平台等各种专用船舶41艘，以及数字地震仪10台、地震资料处理大型计算机6套、可控震源的成套设备和数字测井仪器10套等。自1973年起，这些船舶和相应的技术装备相继来到中国，中国海洋石油勘探开发能力和工作效率得到一次较大的提升。随着设备的引入，也必然要对管理水平和人员素质的提升设定新的要求，因此石化部提出，引进设备的作业人员要"四懂三会"：懂设备名称、懂结构、懂原理、懂用途，会操作、会维护保养、会排除故障。通过引进设备，上到中国石油工业的决策者，下到基层管理技术人员，不同层次地与西方海洋石油工业进行了初步接触，他们认识到：中国与西方海洋石油工业的差距是工业基础与商业环境综合的差距，引进设备可以解决一些问题，但不能从本质上改变中国海洋石油工业落后的面貌。

初创阶段的海洋石油工业由于受勘探技术、装备、知识、经验等的限制，以及对海洋的自然地理环境如风浪、潮汐、海冰、海啸、风暴潮等问题了解不够深入，海洋石油工业曾遭遇了海冰推倒2号平台、"渤海1号"遇险等挫折。海洋石油人承受着挫折带来的巨大压力，忍受着煎熬，顽强地在逆境中历练，从挫折中奋起，从内心深处唤起了自信、志气、担当，敢为人先、不折不挠，造装备，建基地，打井采油，土洋结合，挺进海洋等信念，突破了渤海、南海和东海出油关，建设了塘沽、湛江两个海洋石油工业基地，初步创建起中国海洋石油工业规模，为中国的能源发展开拓了新的领域，做出了重大贡献。

（四）艰难维系石油科技教育

石油科技教育事业是伴随着石油工业发展的不同阶段，紧密结合生产建设的实际，根据不同时期的需要，而不断创立、发展、壮大起来的。在1966—1978年期间，中国石油科技教育事业在动乱中艰难布局、负重前行、顽强发展，为我国石油工业的崛起和不断发展提供了巨大的推动力和人力资源。

一方面，从石油科技角度而言，石油科学技术是推动石油生产建设持续向前的强大驱动力。我国石油工业科技发展可分为以下三个阶段。

第一阶段：石油科技事业的起步与探索。中国石油科技事业起步艰难，初期主要由中国科学院和指定高校承担石油科技研发任务。1958年，石油科学研究院成立，标志着石油科技进入新阶段。20世纪50年代，石油地质科研和油气勘探技术逐渐加强。1959年，大庆油田的发现与开发推动着我国石油工业进入新的历史时期，科技水平也得到了快速提高。20世纪60年代初，松辽和渤海湾盆地的科研突破锻炼了石油科技人员，提高了他们的技术创新能力和问题解决能力。这一时期，我国石油科技队伍迅速壮大，科技水平也随之提高。

第二阶段：石油科技在动荡中的坚持与保护。"文化大革命"期间，石油科技事业受到冲击，科研机构解体，科技人员下放。但广大石油科技工作者克服困难，坚持开展科研和技术发展工作。1969年，周恩来总理提出江汉石油会战，保护了科技人才和石油传统。1972 年，国家投入 43 亿美元引进国外先进技术装备，其中包括石油勘探技术，这对我国石油科技发展具有重要意义。

第三阶段：海洋石油科技的起步与石油科技事业的恢复。在海洋石油工业方面，中国开始研究近海石油资源，并在中国南海和渤海区域进行海上勘探试验，均有油气显示，这成为中国海洋石油科技的起步阶段。这一阶段，在面对国内外各种不利形势时，我国石油科技工作者仍坚持自主创新，并取得了一定成就。"文化大革命"后，我国石油科技事业逐渐恢复。1972 年，中国石油勘探开发规划研究院成立，老油田科研机构恢复工作，新油田也相应建立了科研院所。1978 年，在全国科学大会上，石油勘探开发领域有多项成果获奖，展示了科技工作在油田勘探开发中的成绩。

另一方面，从石油教育角度而言，人才培养之根基在于教育，特别是高素质人才之培育。回溯至 1953 年，我国先后成立了北京石油学院、西安石油学院、四川石油学院（后于 1970 年更名为西南石油学院）以及东北石油学院（后于 1975 年更名为大庆石油学院），我国石油高等教育事业渐入佳境。至 1966 年上半年，北京、西安、大庆、四川 4 所石油学院已初具规模，其中北京石油学院更是荣升为全国重点学府。至 1965 年，石油高校已累计培养并向石油工业领域输送了 1.8 万余名学子，这些毕业生成为我国石油工业发展的中坚力量，为我国石油工业发挥了举足轻重的作用。由此可见，石油高等教育已成为推动中国石油工业发展不可或缺的一环。然而，十年"文化大革命"对石油高等教育事业造成了严重冲击，使其元气大伤。在这以后，虽然石油院校逐步恢复了招生，但过去的招生制度已经改变，入学水平降低，学制缩短，违反了学校教育教学规律，教育质量严重下降。尽管面临着重重困难和压力，广大教职员工仍然坚守岗位，以极坚强的毅力和责任感，努力推进教学和科研工作。正是这种忍辱负重、敬业奉献的精神，使得我国石油高等教育事业在逆境中仍能得以维系和发展。

第三节　改革开放和社会主义现代化建设时期石油工业的调整与改革（1978—2012）

自中共十一届三中全会决定要"把全党的工作重点转移到社会主义现代化建设上来"时，中国改革开放的序幕就此拉开。改革开放以来，邓小平、江泽民、胡锦涛等党和国家领导人，非常关心石油工业的现代化发展，为石油工业的改革开放指明了前进道路。1978年9月，邓小平第三次视察大庆油田时，就油田经过长期高速发展而出现生产生活条件和自然环境急需改善的问题做出明确表示"要把大庆油田建设成美丽的油田"；1979年8月，邓小平就同外国合作勘探开发中国石油做出批示，"我赞成，并主张加快进行"[①]；1985年2月，邓小平就强调打进国际市场的重要性和紧迫性时说，"第一步先打出去"[②]。1995年9月，江泽民为大庆油田开发建设35周年暨稳产20周年题词，"发扬大庆精神，搞好二次创业"[③]；1996年1月，对陆上石油工业做出批示："石油部门是为我国社会主义现代化建设创立了卓著功勋的部门。

---

① 康世恩. 康世恩论中国石油工业［M］. 北京：石油工业出版社，1995：337.
② 邓小平年谱（一九七五——一九九七）：下［M］. 北京：中央文献出版社，2004：1024.
③ 大庆隆重庆祝开发35周年稳产20周年［N］. 中国石油报，1995-09-22.

石油工人是中国工人阶级的一支英雄队伍。"胡锦涛关注石油工业的可持续发展，指出能源是战略重点，石油可以说是重点中的重点。要积极开发利用国内资源，还要积极利用国外资源；利用国外资源不仅是进口油，还要研究如何参与国外石油开发，以保障国内有可供应的稳定资源。2009 年 6 月，胡锦涛视察大庆油田，亲切接见了马德仁、薛国邦、王启民等劳动模范和优秀党员代表以及铁人王进喜的家属，在讲话中强调指出："五十年来，以铁人王进喜为代表的一代又一代大庆创业者，怀着为国争光、为民族争气的远大胸怀，克服了重重困难，创造了极不平凡的业绩。大庆油田生产了国家经济发展所需要的大量的宝贵石油产品，培育了'爱国、创业、求实、奉献'的大庆精神，锤炼了敢打硬仗、勇闯一流的英雄队伍，在中国石油工业发展史上，谱写了光辉篇章。大庆为国家、为人民所做出的历史贡献，党和人民永远不会忘记！"① 在国家改革开放的方针政策指引下，我国石油工业企业坚持"稳定东部、发展西部""油气并举、节约与开发并重"的方针，遵照"引进来、走出去"的发展战略，积极参与国际油气市场竞争，加快油气资源勘探、增储上产的步伐，国内油气产量大幅跃升。

一、快速发展的石油工业

中国共产党十一届三中全会的召开，标志着中国进入改革开放新时期。中国改革开放为石油工业注入新活力，我国石油工业驶入一个持续稳定发展的快车道。

中华人民共和国石油工业部是中国改革开放最早的工业部门之一，

---

① 《石油精神——文献石油 70 年》编写组 . 石油精神——文献石油 70 年 [M]. 北京：石油工业出版社，2020：132.

国家对石油工业做出重大决策：海洋石油对外开放，采取公开招标的方式合作勘探开发海洋油气资源，海上大陆架成为中国第一个对外开放的"特区"；实行原油产量1亿吨包干，设立石油勘探开发基金，超产原油出口创汇留用，石油工业部成为中国工业部门中第一个实行全行业包干的部门；采取多种形式引进国外先进技术和装备，利用外资和政府贷款进行开发建设，石油企业在国际市场经济的锤炼中，成长为富有活力和竞争力的经济实体。在国家政策的支持下，我国石油企业建立以生产经营为中心的管理体制，通过改革放权激发活力，增强了自我发展能力。1979—1988年，全国探明石油地质储量已相当于以往30年的总和，原油产量已相当于以往30年的1.6倍，上交国家税利（不含炼油）相当于以往30年的1.04倍。我国石油工业的地域分布、结构状况发生巨大变化。直至1985年，我国已在21个省（自治区、直辖市）发现油田253个、气田78个，投入开发的油田161个、气田52个；建成大庆、胜利、华北、辽河、中原、新疆、大港、河南、吉林、长庆、江汉、玉门、江苏、青海、延长、四川等油气勘探开发生产基地17个；海上领域也已有3个油田投入开发，基本建成沿海生产基地4个。1978—1985年，油气资源勘探开发取得"两大突破"[①]"十大发现"[②]，是这一时期我国石油工业快速发展的重要标志。此间，石油工业还积极做了以下调整。

　　这个时期，石油工业部贯彻执行"调整、改革、整顿、提高"的

[①]　"两大突破"是指大庆油田在分层开采、分层注水的基础上连续10年高产稳产5000万吨以上；胜利油田打开了东部地区石油勘探开发的新局面，发现孤东油田等15个油田，新增探明石油地质储量比"五五"时期增加8倍，发展形成了对付复杂断块油藏的滚动勘探、滚动开发的方式方法。

[②]　"十大发现"是辽河、大港、太原、中原、河南、新疆、青海、内蒙古、四川、辽东湾海域、莺歌海等油田、地区和海域，发现新的含油、气区块和层系。

方针，以及对外开放、对内搞活的政策，石油企业则以油为主、综合利用、多种经营、全面发展。改革经营管理体制机制，扩大生产经营自主权，推行经营承包责任制；陆上石油工业稳定发展，海上石油工业开始崛起；加强对外石油经济技术交流与合作，对外承包工程和劳务合作走出国门；推进石油科技发展，缩小了与世界石油先进水平的差距。改革开放以来，我国石油工业重点从以下几个方面推进，并取得了重大成就，成为新中国成立以来石油工业发展最快最好的时期。

（一）解放思想盘活石油工业

解放思想，是党的思想路线的本质要求，是我们应对前进道路上各种新情况新问题、不断开创事业新局面的一大法宝。1978 年 12 月，党的十一届三中全会胜利召开，重新确立了解放思想、实事求是的思想路线，做出实行改革开放的重大决策。国家计划委员会党组在《一九七九年国民经济计划的安排》中提出，要充分发挥煤、油、电和建材企业的潜力，努力增加新的生产能力，逐步改变目前供应紧张的局面。石油工业要适应新形势、新发展，就必须确定搞好地质勘探，增加地质储量，为我国的现代化建设多做贡献。

第一，对石油工业实行一亿吨原油产量包干政策。1978 年，中国共产党带领石油工业只用了不到 30 年的时间，原油年产量就突破 1 亿吨，带领中国跨入世界主要产油国行列。但是，经历十年动乱，资源勘探工作受到严重影响，勘探投资和勘探工作大幅减少，储量增长速度跟不上原油产量增长速度，老油井产量自然递减加快。1980 年，我国原油产量降为 1.05 亿吨，1982 年跌破 1 亿吨，情况不容乐观，放任下去将不利于石油工业的长期稳定发展。在这种情况下，国务院副总理康世恩提出，能否借鉴国内经济改革中实行包干的经验，对石油工业部实行年产原油 1 亿吨包干政策，允许石油工业部将增产节约的原油出口，换回的资金用于石油、天然气勘探开发和技术改造。这一想法在经过不断请示和协调后，在 1981 年 6 月，国务院办公厅批准了这一方案，中国工业战线上第一个行业包干方案正式出台。该方案一经实施，就引发了石油工业内在机制的一系列深刻变革。这项政策的实施，可以解决石油工业资金严重不足的困难，有利于提高石油工业自我发展的能力，有利于打开石油勘探开发的新局面。可以说，实行"原油产量一亿吨包干"政策，是石油工业从计划经济向市场经济过渡时期的现实选择，实践证明这个过渡是必要的，也是成功的。

第二，对石油工业采取"稳定东部、发展西部"的重要战略方针。"稳定东部、发展西部"是党中央、国务院根据陆上石油工业发展的状况而做出的一个重大战略决策，是第八个五年计划以来陆上石油工业生产建设发展史上的一个最显著特点。一方面，"稳定东部"颇有成效。胜利油田提出"持续、稳定发展"方针，辽河油田确立"老区硬稳、新区快上"方针，其他油田充分利用科技兴油，稳步发展。东部地区各油田在"稳定东部"方针下都圆满完成了计划任务指标；另一方面，"发展西部"收获增长。新疆石油管理局陆续取得重大突破，塔里木会战硕果累累，西部其他油田不断新增探明储量，勘探工作实现不断突破。

第三，对石油工业实施"引进来、走出去"的对外开放政策。随着中国经济进入了快速发展时期，国内原油需求量暴增，2001 年中国原油年消耗量达到 2.29 亿吨，国内原油产量已经远远不能满足需要。为了满足日益扩大的国内消费缺口，国家先后降低了原油、汽油等油品关税，开放的大门越来越大。在对外开放政策的引领下，作为国家能源保障的石油工业，积极采取措施稳定国内原油供应。一方面，通过国际贸易手段适量进口原油，增加石油储备；另一方面，充分利用"两个市场、两种资源"，到国外投资开发石油，开展跨国经营，以确保国内石油稳定供应。利用"两个市场，两种资源"，到国外创建石油供应基地，这是国际的惯例，也是资本主义国家发展石油工业的经验。1997 年，我国从国外首次运回 16 万吨的份额油，到 2000 年可运回份额油达到 1200 多万吨。

（二）改革经营管理体制机制

我国石油工业体制是社会主义计划经济体制，由国家统一制订计划，控制石油和天然气的生产、分配和价格。随着改革开放的不断深入，石油工业内部积极探索领导体制和生产经营管理机制的改革，以适应新形势下的发展需求。这一改革过程为石油企业注入了新的生机和活力，推动了石油工业的快速发展。1978 年 3 月，第五届全国人大常委会决定，撤销石油化学工业部，成立石油工业部。根据国家的统一部署，石油工业部上划大部分石油企事业单位，理顺了干部管理体制，先后对部机关机构及所属单位的管理体制进行了调整。1982 年，经国务院批复成立中国海洋石油总公司。1983 年，经国务院批准成立中国石油化工总公司。1985 年，国务院批复石油工业部关于对外合作开采陆上石油资源的请示，随后成立了中国石油开发公司。1988 年，根据党的十三大关于经济体制改革和政企分开、转变职能、精简机构的建议，国家决定将石油工业部的政府职能移交能源部，以石油工业部为基础组建成立了中国石油天然气总公司。这是石油工业管理体制向市场经济管理体制过渡的重要举措。这一时期，石油工业部根据国家相关政策，推进以生产经营为中心的管理体制机制改革，放权搞活、扩权让利，下放了计划、资金、物资采购等方面的自主权，石油企业及所属二级单位有了一定程度的生产经营权和物资采购权，大大激发了石油工业的活力。

第一，推行企业经营管理改革。中共十一届三中全会公报指出："现在我国经济管理体制的一个严重缺点是权力过于集中，应该有领导地大胆下放，让地方和工农业企业在国家统一计划的指导下有更多的经营管理自主权。"国营工业企业缺乏活力、效率低下的主要原因，是政府管得过多、统得过死。改革开放后，国家着手打破计划经济体制下的统收统支模式。自此，石油工业企业的改革，从"松绑放权""扩权让利"开始进行。

第二，推行经营承包责任制。原油产量1亿吨包干政策的制定和实施，促进了石油工业内部经营管理机制的变化，石油工业部直属石油企业普遍推行了各种形式的经营承包责任制。1981年，大庆油田把岗位责任制同经济责任制结合起来，以目标管理为手段，逐步建立健全了以"五项制度"为主要内容的企业经济责任制。

第三，推进"三项制度"改革。石油工业改革是一个庞大的系统工程，需要方方面面的改革配套措施。1982年1月2日，中共中央、国务院做出《关于国营工业企业进行全面整顿的决定》，用两三年的时间，有计划有步骤地、点面结合地、分期分批地对所有国营工业企业进行整顿；4月3日，石油工业部发出《关于石油企业整顿和管理体制改革纲要的通知》，对工业企业整顿和改革做出部署，重点明确了整顿和改革需要强化的企业管理工作。各石油企业把整顿和改革紧密结合，着眼于加强企业基础管理工作，在积极探索推进干部制度、用工制度、劳动工资制度改革的同时，推进转换经营机制，以及进行投资体制、财会制度、劳动人事和工资保险制度、科技和教育体制等方面的改革。

石油工业的初步改革取得了显著成绩，石油工业的经济管理体制发生了深刻的变化，初步走上了自我积累、自我发展、以油养油、以气养气的路子。这一时期的改革不仅给石油工业发展带来了巨大的生机和活力，而且为国民经济的稳定发展做出了积极贡献。

（三）对外开放助力海洋石油工业崛起

由于缺乏资金、技术和管理经验，海洋石油工业前进的步伐沉重而缓慢。海洋石油工业"高风险、高科技、高投入"的特点决定了"关起门来搞建设"是不可能成功的，必须走向海外，寻求合作。中国改革开放，为海洋石油工业注入新的生机和活力。1978年3月，党和国家领导人在人民大会堂听取了访美石油代表团的汇报后，做出一个破天荒的决定：在指定的海域，购买外国设备，雇佣外国的技术人员，用分期付款的方式和所采石油偿还其投资，来进行我国海上石油资源的开发。这个重大决策，标志着中国海洋石油工业进入一个新的发展阶段，这也是中国最早对外开放的信号。在中国共产党的领导下，中国海洋石油坚持对外合作勘探开发，以及坚持"两条腿走路"的发展战略，促进和带动中国海洋石油工业进入快速发展时期。实践证明，利用国外资金和技术，采用具有风险性的、分阶段的、联合经营的方式，是学习国际先进技术和管理方法，加速中国海洋石油勘探开发步伐的有效途径。1988年，中国海洋石油原油产量达到76.5万吨，标志着我国海洋石油工业开始崛起。

第一，确立海洋石油工业对外合作模式。中国海洋石油对外开放，面临的首要问题是选择什么样的对外合作模式。1978年1月5日至31日，中共中央和国务院批准由石油化学工业部、国家计委有关人员组成的中国石油代表团，应美国能源部的邀请赴美考察。1978 年 3 月 26 日，党和国家领导人听取了石油代表团赴美考察情况的报告，原则上同意了石油代表团的看法和建议，会议认为，在不损害国家主权与民族权益，在坚持独立自主、自力更生原则的前提条件下，海洋石油勘探开发可以采取平等互利的补偿贸易方式，即在国家指定的海域，直接和外国一些石油公司建立商务关系，开展对外合作。

第二，通过成立中国海洋石油总公司开展对外合作。中国海洋石油对外开放的客观形势，需要政企分开。从 1979 年开始，经过多次酝酿，各方都认为成立一个国家公司来开展对外合作是非常必要的。1982 年 1 月，国务院颁布《中华人民共和国对外合作开采海洋石油资源条例》，决定成立中国海洋石油总公司，并以立法形式授予中国海洋石油总公司在中国对外合作海域内进行石油勘探、开发、生产和销售的专营权，全面负责对外合作开采海洋石油资源业务。1982 年 2 月 15 日，中国海洋石油总公司在北京正式成立，通过积极开展海上石油对外合作和自主勘探开发，我国海洋石油工业迅速崛起。

第三，实行合作与自营勘探并举推进海洋石油工业。在第六个五年计划期间，外方石油公司在中国海域投入的勘探风险费高达 16.1 亿美元，海洋石油的高风险也让决策层意识到，中国海洋石油工业的出路绝不能单靠对外合作。一方面是要运用国际惯例——风险勘探、产品分成等促进对外合作，另一方面"在非合作区或合作区，外国石油公司不干，而我们认为有经济价值的就自己干"。对此，康世恩引用一句方言，"单线吊葫芦，不保险"，强调了"两条腿走路"的战略重要性。1983 年 2 月，国务委员康世恩在南海石油勘探指挥部看到多艘三用工作船停在码头待工，便提出"用钻井船、三用工作船、地震船反承包，用赚来的钱，开展自营勘探开发"，"实行对外合作与自营勘探并举，两条腿走路"。通过此举，我国海洋石油队伍得到进一步锻炼，技术水平和管理水平得到进一步提高。

中共中央、国务院非常重视海洋石油的对外开放。作为对外开放的排头兵，中国海洋石油遇到了一系列与当时制度、办事程序不相适应，且涉及国家重要政策、体制、机制的问题。面对这些困难，党和国家领导积极应对，甚至有时国家领导人亲自拍板解决一些重要问题。在中国共产党的领导下，中国海洋石油工业得以迅速发展。

（四）国际接轨促进科技发展

改革开放以来，我国对外石油科技技术交流与合作全面展开，带动和促进了陆上石油工业的快速发展。在坚持自主进行石油勘探开发的同时，陆上石油工业开始对外进行工程技术咨询和可行性研究；开始利用外资合作勘探开发，以解决急需建设而又缺乏资金的工程项目，或吸收外商直接投资创办合资合作企业，以学习借鉴国外先进技术和管理经验。改革开放搞活的方针政策，为中国陆上石油工业企业走向国际市场拓宽了发展道路。陆上石油作为中国石油工业国际化战略的重要组成部分，经过对外开放与合作的实践，积累了丰富的经验，培养了对外合作的专业人员，锻炼了一批技术水平较高的反承包作业队伍，对外合作管理也逐步与国际接轨。

第一，通过对外工程技术咨询与合作，吸收引进国外先进技术和管理经验。为加快陆上石油资源的勘探开发，1984 年 8 月，经国务院批准，成立中国石油天然气勘探开发公司，具有独立法人资格，隶属石油工业部，负责陆上石油工业的对外合作。通过对外合作，中国石油工业企业与许多国际石油公司建立了联系，增进了了解，形成了良好的战略合作伙伴关系。我国石油工业充分利用有利条件，积极引进、消化、吸收国外先进技术和管理经验，特别是与许多拥有独特技术专长的国际公司建立业务往来，促进了共同发展，为向更广阔领域的合作奠定了坚实基础。

第二，通过加强石油技术交流与合作，提升石油工业员工队伍科学技术水平。石油技术交流与合作对中国石油工业的发展起到了积极的促进作用。石油企事业单位把推广新理论、新技术和国内科技攻关、引进消化国外先进技术有机结合起来，促进了国内的科学研究，提高了石油科学技术水平。对外技术交流与合作，加快了国内人才培养的步伐，数以万计的石油职工，通过各种渠道、各种方式在国内外广泛接触到各国的石油技术装备和管理经验，增强了运用现代先进科学方法解决实际问题的能力，提高了队伍技术素质和管理水平。

第三，通过雇佣外国专业施工队伍，充分吸收科学技术管理能力。20世纪80年代初期，中国陆上石油工业企业开始雇佣外国专业施工队伍，由此也锻炼提高了自身的技术水平和管理水平。通过雇佣外国专业队伍进行技术服务，促进了国内对国外先进管理和新技术的引进和应用。充分吸收外方在项目管理、技术管理、安全管理等方面的先进管理方法，国内项目管理逐步完善；初步形成了熟悉国际规则惯例、组织招标谈判和执行石油合同的骨干力量，培养了一批有效组织管理合作、承包施工服务作业的人员。

中国石油工业在迈入现代石油工业的进程中，世界石油工业正处于大发展时期，而改革开放，正是为我国石油工业企业走向国际市场拓宽了发展道路。陆上石油对外石油科技技术交流与合作、工程技术咨询与合作全面展开。第六个五年计划期间，通过开展政府间的双边和多边科技合作，石油工业部门先后与美国、法国、德国、加拿大以及联合国等有关部门，签订了勘探开发研究协议 20 余项。在坚持自主进行石油勘探开发的同时，利用外资合作勘探开发，解决了我国石油工业急需建设而又缺乏资金的问题；吸收外商直接投资创办合资合作企业，雇佣外国专业技术队伍，学习借鉴国外先进技术和管理经验，攻克了勘探开发生产中的一些难关。通过石油经济技术交流与合作，对我国陆上石油工业的发展起到了积极作用，即将推广新理论、新技术和国内科技攻关、引进消化国外的先进技术有机结合起来，促进了国内的科学研究，极大地推进了我国石油科学技术的进步。

二、经济转型中的石油工业

随着中国改革开放的不断深入，国内石油工业取得了辉煌的成就，呈现出蓬勃发展的良好态势，进入了一个崭新的、持续稳定发展的阶段。1988 年 9 月 17 日，中国石油天然气总公司在北京成立，同年中国海洋石油总公司分立。这是中国石油工业由高度集中统一的计划经济体制，迈向社会主义市场经济体制的重要一步。中国石油企业驶入市场经济的轨道后，通过贯彻中共中央对石油工业的重要工作部署，紧密结合石油工业的实际，研究提出了一系列具有全局意义的工作思路，对石油企业的改革、油气生产经营及职工队伍的建设都产生了重大影响，推动了石油工业持续稳定的发展。

（一）提出石油工业战略方针

进入 20 世纪 90 年代，国内外形势发生了深刻变化。中国石油工业也面临着严峻挑战，油气资源接替紧张，石油建设资金入不敷出，原油产量的增长跟不上经济发展的增长速度。正是在这样的背景下，中共中央确定了"稳定东部，发展西部"等一系列战略方针。1990 年 12 月 30 日，中共十三届七中全会通过《中共中央关于制定国民经济和社会发展十年规划和"八五"计划的建议》，提出大力发展能源工业："石油工业，采取'稳定东部、发展西部'的战略方针，保证东部老油田稳产增产，适当集中力量加强西部新油区主要是塔里木、吐鲁番地区的勘探和开发，同时积极进行海洋油田的勘探和开发。到 1995 年原油产量要由 1990 年的 1.38 亿吨增加到 1.45 亿吨左右，争取到 2000 年有较大的增长。"

1991 年 2 月，中国石油天然气总公司根据中国原油生产格局、油气勘探和资源接替的状况以及国家对油气生产需要的实际情况，借鉴国外石油企业发展的经验和教训，客观分析石油工业所面临的机遇、挑战以及有利条件和不利因素，提出了在第八个五年计划期间和以后 10 年石油工业的奋斗目标，确定了"三大战略"："稳定东部、发展西部"和"油气并举"的油气勘探开发战略；充分利用"两种资源、两种资金和两个市场"的跨国经营战略；"一业为主，多元开发"的多种经营战略。"三大战略"的实施，使中国石油企业业务范围顺利转型，工作重点从以东部地区为主、以油为主，转变为东西部并重、油气并举；从只在国内发展转向进入国际市场的新领域。

第一，油气勘探开发战略——"稳定东部、发展西部"和"油气并举"。"稳定东部"即稳定发展东部老油区，争取实现这一地区的石油产量略有增长，同时大力加快塔里木新区的油气开发工作，安排好油气资源的战略接替，实现全国油气生产的持续稳定增长。东部地区油气田经过 40 多年的开发，为石油工业的发展做出了巨大贡献。从总体上看，现已开发的老油区都具有继续稳产的基础，只要认真进行综合调整，加强注水和油井管理，就可以减缓递减，再加上投入新的储量，建设新的区块，老油区不但可以稳产，而且可以继续增长。"发展西部"主要是加强中国中、西部地区石油、天然气勘探，寻找新的油、气资源，并努力增加产量，以弥补东部老油田产量递减。

第二，跨国经营战略——充分利用"两种资源、两种资金、两个市场"。1992年10月，召开的中共十四大报告中提出："第一，围绕社会主义市场经济体制的建设，加快经济改革步伐；第二，进一步扩大对外开放，更多更好地利用国外资金、资源、技术和管理经验。"可将其概括为"利用两种资金、两种资源、两个市场"的战略方针。1993年2月，中国石油天然气总公司在北京召开首次石油企业外事工作会议。会议阐述实施国际化经营战略的重要意义、战略机遇和经营策略，部署实施国际化经营战略，扩大对外合作范围，这次会议被称为"陆上石油全面实施'引进来'与'走出去'国际化经营战略的动员会和誓师会"。

第三，多种经营发展战略——"一业为主，多元开发"。该战略是指在国家计划指导下，运用市场调节机制，积极发展油气加工和综合利用，进行钻遇、共生矿藏的开发，开展多种经营，进一步增强石油工业自我发展的能力。这是石油工业经济长期发展，特别是在改革开放10年的高速发展实践中总结出来的，反映了我国石油工业为适应市场经济发展的要求，逐步从高度集中的计划经济管理体制向社会主义市场经济体制转变，从单纯的生产型向以经济效益为中心的发展轨道转变，由单一的产业结构和单一的产品结构向多元化经济结构转变的必然趋势。

（二）深化管理体制机制改革

随着中国改革开放形势的发展，石油行业内部和外部环境发生了很大变化，对各方面的政策提出了新的要求，石油企业结合实际，加速改革进程，为石油工业的协调稳定发展增添了活力和动力。具体可分为以下两个方面。

一方面，通过不断深化管理体制改革，提高石油经济增长的质量。其一，成立国家石油公司。1988年4月，第七届全国人民代表大会第一次会议通过《国务院机构改革方案》，决定撤销石油工业部，原石油工业部的政府职能提交能源部行使，并以原石油工业部为基础成立中国石油天然气集团有限公司。中国石油天然气集团有限公司是具有法人资格的经济实体，在国家方针、政策的指导下，进行自主经营、独立核算、自负盈亏。其二，探索油公司管理体制。油公司是当前世界各国石油企业普遍采用的一种组织形式，是长期市场竞争演变的结果。中国石油企业驶入市场经济的轨道后，一时难以摆脱旧的计划经济体制的影响，管理体制、经营机制和思想观念不适应发展社会主义市场经济的要求，一系列矛盾和问题也暴露出来。中国海洋石油总公司率先对体制进行探索，实施"油公司集中统一、专业公司相对独立、基地系统逐步分离"三条线改革措施。中国石油天然气总公司以建立适应社会主义市场经济体制要求的现代企业制度为目标，坚持走油公司的路子，初步建立油公司为核心的企业集团公司，实现生产专业化、服务社会化、运行市场化。中国石油行业在社会主义市场经济体制改革下，不断加快建立新管理体制的步伐，提高了石油经济增长的质量，增强了整个石油工业经济的活力。

另一方面，通过转换经营管理机制，适应社会主义市场经济体制。

石油企业按照中共中央、国务院的方针和部署，进一步解放思想，紧密结合实际，积极稳妥地推进改革，建设适应社会主义市场经济体制要求的石油工业管理体制，转换经营机制，形成市场运行机制。1988年9月17日，中国石油天然气总公司明确了改革方向，就是要把陆上石油工业由过去单一的油气生产部门，逐步转变为以油气生产为主体、开展油气综合利用、进行多元化经营、全面发展的经济实体，并逐步建立起符合石油工业特点和商品经济发展要求的、具有自我发展和自我约束能力的、能够参与国际竞争和国际合作的新型生产经营机制。一是推进企业内部经济责任制改革。承包经营责任制（一亿吨原油产量包干政策）增强了石油企业自我发展的活力和能力；经营责任制的改革发展促进了石油企业管理理念、管理方式和经营机制的转变，推动石油企业从以生产为中心转向以提高经济效益为中心，从产品生产者转变为商品生产者，逐步走向自负盈亏、自我发展的道路，出现了产量和效益同步增长的好势头。二是深化三项制度改革。1992年1月，劳动部、国务院生产办公室、国家体改委、人事部、全国总工会联合发出了《关于深化企业劳动人事、工资分配、社会保险制度改革的意见》，要求国有企业深化改革，在企业内部真正形成"干部能上能下、职工能进能出、工资能升能降"的机制，并以之作为企业转变经营机制的重要任务。改革的全面开展，调动了广大石油职工为石油工业做贡献的积极性和主动性，为石油工业的勘探开发打下了良好的基础。三是建立市场管理机制。随着承包经营责任制的顺利推行，石油企业内部活力被进一步激发出来。为保持并发展这种活力，促进企业向更高层次迈进，石油企业在原有改革成果的基础上，进一步探索和形成了内部市场模式的管理机制。建立石油工业市场机制，推行项目管理和甲乙方合同制，优化配置了各种资源，激励和调动了职工的积极性，增强了市场竞争力，提高了石油企业的生产效率和经营效益。

中国石油企业经营机制的转变，促使其在市场经济的新形势下，按照建立社会主义市场经济体制的目标迈出了实质性的步伐，进一步推动其逐步走向自主经营、自负盈亏、自我约束、自我发展的路子。

（三）发展石油科技教育事业

中共十一届三中全会以来，在遵照邓小平"科学技术是第一生产力""经济发展快一点，必须依靠科技和教育"的指示下，中国石油工业狠抓科技和教育工作，促进了石油科技和教育事业的蓬勃发展，推动了石油工业的大力发展。

一方面，从石油科学技术的发展角度而言。1986—1997年，为了适应国家改革发展需要，贯彻"科教兴国"战略，中国石油工业围绕"稳定东部，发展西部"和"油气并重"等重大方针实施的要求，不断深化科技体制改革，注重科技攻关和科技成果的转化，连续实施了"七五""八五""九五"等科学技术发展专项计划，取得了一大批重要科学技术成果。首先，在科学技术管理方面，在国家经济体制改革、科技体制改革和石油工业管理体制改革过程中，石油科技工作的管理理念发生了根本性转变，石油科技体制改革进一步深化，建立了业务驱动的战略管理模式，建立健全了科技管理制度体系。其次，在科学技术研发体系方面。石油科技发展依靠的就是建立与石油工业发展相适应的科技机构及培养高素质的科技队伍。1985—1998年，中国陆上石油工业上游领域的研发体系由三支基本力量构成：直属科研院所、企业直属院所、石油高校的研究室。最后，在科学技术重要成果方面。随着科技兴油战略的实施，中国石油行业的科学技术水平不断取得突破与发展，科技成果显著。中国石油天然气总公司有六项石油科技理论和技术居世界前列、六项工程技术达到或接近世界先进水平、承担了国家"973"① 计划的 4 个项目；中国海洋石油总公司发展了适合中国海上勘探开发的十大配套应用技术，并在此基础上，初步形成了中国海上油气"勘探、开发、技服、生产"四大能力，其中"技服"指的海上技术服务支撑。国家"863"计划中由之承担的"九五"计划有 6 个，其中 1 个还获得了国家科技进步二等奖。中国石油科技的发展，不论在国内科技界，还是在国际科技界，都占有越来越重要的地位。经过多年努力，中国石油科技水平在整体上达到 20 世纪 90 年代初期的国际水平，有效地服务和支撑了中国石油工业的改革与发展。

另一方面，从石油高等教育的发展角度而言。在"七五"和"八五"的 10 年间，与中国石油工业的发展与改革相适应，石油教育事业同样经历了发展与改革的重要历史阶段。经过改革开放后几年的恢复、整顿和提高。在中央部委办学和行业办学体制下，石油教育形成了适应石油工业发展需要的多学科、多专业和门类齐全的多形式、多层次的石油教育和培训体系，为石油工业培养和造就了大批各级各类专门人才，推动了石油工业持续稳定发展。1993 年，中共中央、国务院颁布《中国教育改革和发展纲要》，指出"要逐步建立适应社会主义市场经济体制和政治、科技体制改革需要的教育体制；基础教育应以地方政府办学为主；高等教育要逐步形成以中央、省（自治区、直辖市）两级政府办学为主、社会各界参与办学的新格局；职业技术教育和成

---

① 20 世纪 90 年代国家组织并于 1997 年 3 月批准实施的重点基础研究发展计划简称"973"计划，是国家为实施"科教兴国"和"可持续发展战略"，加强基础研究和科技工作做出的重要决策，是实现 2010 年以至 21 世纪中叶中国经济、科技和社会发展的宏伟目标，提高科技持续创新能力，迎接新世纪挑战的重要举措。

人教育主要依靠行业、企业、事业单位办学和社会各方面联合办学"。为了加强对石油教育工作的领导和指导,石油工业部党组决定成立了石油教育指导委员会(1986—1997)。1988 年石油教育指导委员会主办了学术性期刊——《石油教育》,大力宣传石油教育的办学经验和教学研究的成果,对石油教育发展充分发挥了咨询、参谋、督导的重要作用。1992 年成立了石油教育与人才研究所,1993 年组建了中国石油教育学会。1994 年中国石油天然气总公司组建了中国石油教育学会。中国石油教育学会于 1995 年组织制定了《石油教育研究项目的管理办法》,1996 年制定和下发了《关于石油教育研究成果评奖办法》,对企业基础教育、职业教育、高等教育等体制改革、发展趋势及对策等方面,进行了深入广泛的研究。这些举措在研究和指导石油教育的改革和发展方面发挥了重要作用。

(四)精神文明与企业文化建设

伴随国家改革开放和加快发展的历程,经济社会环境和职工思想观念发生多方面变化,为加强石油工业的精神文明建设和企业文化建设,中共中央做出关于加强党的建设、精神文明建设、思想政治工作的一系列指示,为石油企业的生产经营和改革发展提供了强大的精神动力与思想保证。

一方面,加强精神文明建设。在中国共产党领导石油工业的发展和艰苦创业中,逐渐形成了以"大庆精神""铁人精神"为特征的石油企业精神文明建设的优良传统和作风。石油工业发展的历史表明,强有力的思想政治工作不仅是石油工业迅速崛起的强大动力,也是石油工业实现高速发展的必要条件和保证。1988 年 9 月,中国共产党第十三届中央委员会第三次全体会议通过《中共中央关于加强和改进企业思想政治工作的通知》。该通知不仅确立了思想政治工作在企业管理中的重要地位与作用，同时为企业加强和改进思想政治工作指明了方向与标准。1989年6月，中国共产党第十三届四中全会胜利召开，全会努力纠正"一手比较硬，一手比较软"的现象，从多方面加强思想政治工作和党的建设工作，从而使思想政治工作进入了改进并向科学化发展的新时期。中国石油天然气总公司抓住这一历史性机遇，进一步加快了精神文明建设的步伐。于1989年9月做出在石油战线进一步开展学习大庆、宣传大庆、发扬"大庆精神"的群众运动的决定。中国海洋石油总公司围绕开放国家海域的油气勘探开发是爱国还是卖国等问题，坚持不懈地开展改革开放政策的宣传教育，不断启发和引导职工逐步树立适应对外合作要求的思想观念，有效保障了海洋石油企业改革和发展战略的实施。随着改革的深入推进，面对新的机遇和挑战，石油企业坚持"两手抓，两手都要硬"的方针，不断加强思想政治工作，广大职工队伍经受住了改革开放和各种困难的考验，保持和发扬了石油战线的优良传统和作风，凝聚力和战斗力进一步加强。

另一方面，加强企业文化建设。企业文化是现代企业制度下企业生存发展的精神支柱和动力源泉，对企业发展具有导向作用。石油企业在继承和发扬优秀传统石油文化的基础上，逐步形成自己独特企业文化。以中国海洋石油总公司为例，该公司经过长期的实践，形成以效益第一观念为核心的市场经济思想，以效率意识为核心的科学精神，善于学习、合作的国际化意识，富于进取精神的变革意识，逐步生成和发育起日趋稳定的独特企业文化。1986年年末，中国海洋石油总公司提出树立和发扬"热爱海洋石油，勇于开拓进取，争创事业实绩"的海洋石油企业精神。进入20世纪90年代之后，中国海洋石油总公司开始酝酿企业文化建设。1993 年，中国海洋石油总公司从创建国际化集团大公司的目标出发，要求海洋职工树立国际大公司的形象和意识。1995 年，中国海洋石油总公司开展"海洋石油人形象大讨论"，要求各单位根据自身特点，提出本单位发展目标、企业精神、行为规范，创作设计自己的厂歌、厂旗、厂徽。1996 年，中国海洋石油总公司集中各地区、专业公司的意见，确定了海洋石油的"三信"企业精神：信念、信任、信誉。石油企业通过强有力的思想政治工作和企业文化建设创建活动，在培养造就一支铁人式的"四有"石油职工队伍方面，取得了显著的成绩。

三、重组改革的石油工业

1998 年 3 月 10 日，第九届全国人大一次会议审议通过国务院机构改革方案，决定在原中国石油天然气总公司、中国石油化工总公司的基础上，对石油工业实行战略性重组，分别组建中国石油天然气集团公司和中国石油化工集团公司。1998 年 4 月，国家石油和化学工业局成立，标志着国家加快了机构改革的步伐。同年，中国石油天然气集团公司（简称"中国石油"）、中国石油化工集团公司（简称"中国石化"）成立。中国石油、中国石化和中国海油组建股份公司，在纽约、伦敦等地成功上市，这标志着国有石油公司的产权改革取得了历史性突破，并成功走上国际资本市场的舞台。2003 年，原中国化工进出口总公司重组，更名为"中国中化集团公司"。1998 年和 2005 年，延长石油分别进行了两次改革重组，于 2005 年组建了陕西延长石油（集团）有限责任公司。

1998—2012 年，中国处在体制深刻转换，结构深刻调整和社会深刻变革的历史时期。中国石油工业在改革、调整、创新、管理等关键环节，在全国工业行业率先实行改革开放，建立了符合中国特色的石油工业管理体制、市场运行机制。石油工业的规模实力、技术水平跻身世界前列，初步培育了一批具有全球竞争力的石油石化企业，对国民经济和社会发展做出突出贡献。上游企业始终把油气资源勘探放在首位，不断发展高新技术，不断提高工程技术服务能力，不断开拓国内、国外两个市场，保持石油工业科学平稳、快速发展，石油储量、产量稳步增长，天然气储量、产量大幅提升，经济效益明显提高，石油工业实现了跨越式发展，中国进入了世界石油大国行列。

（一）重组上市持续深化改革

自新中国实施第一个五年计划到改革开放初期的近30年里，中国石油工业是在计划经济体制下运行的。国家与石油企业、石油企业之间及企业内部关系尚未理顺，石油企业作为法人实体，市场竞争主体的地位并没有真正得到落实，没有形成真正意义上的法人实体。在对外贸易、投融资、产品价格、生产经营等方面都受到较大的限制。总公司既作为一个经济实体，又行使一定的政府管理职能，势必造成石油企业在管理上缺乏经营观念，在企业内部存在重复投资、盲目建设的现象和"大而全，小而全"的"群岛式"组织结构，在生产、生活等各个方面相互独立、自成体系、自我封闭，限制了生产要素的合理流动，使油田企业背着沉重的包袱，难以与现代企业制度相适应。石油价格体系没有完全理顺，下游产业多头投资、盲目建设，产业结构不合理，重复建设十分严重。为此，国家采取了两方面的改革措施。

一方面，对石油工业进行改革重组。1993年能源部撤销，随着市场经济的深入和摸索，"上下游一体、打破垄断、形成竞争机制""组建区域性石油石化集团"的呼声日渐高涨。1998年，中共中央、国务院为加快石油、石化工业的发展，加快社会主义市场经济体制建设步伐，做出了对石油、石化工业进行重组改制的重大决策——成立国家石油和化学工业局。同时通过行政资产划拨和互换，将原石油天然气总公司和石化总公司改组为两个大型石油石化集团。这次重组是一次较为彻底和深刻的体制调整，有效实现了政企分开和资源优化配置，从宏观管理体制上真正解决了石油石化行业上下游、内外贸、产销分割和结构不合理的矛盾，实现了宏观层面上的政企分开，建立起与国际接轨的"油公司"体制。

另一方面，对石油工业企业进行改制上市并深化改革。随着中国加入世界贸易组织并参与全球化的世界大石油公司竞争，中国石油企业压力增大，根本性的改革和结构调整势在必行。1999年，中国石油、中国石化、中国海油联袂进行重组改制，陆续组建了各自的股份公司。2000年至2001年，国内3家股份公司先后实现在海外成功上市，国有石油公司的产权改革取得了历史性突破。重组改制、上市成功，标志着中国石油天然气行业在建立现代企业制度和国际化进程中迈出了关键性的一步。初步建立了符合现代企业制度要求和国际资本市场准则规范的体制架构，优化了产业结构和资产结构，明显提高了国有资本的控制力和运营效率，增强了中国石油工业参与市场竞争，抵御市场风险的能力，集团整体优势得到充分发挥。2003年中国中化集团成立，2005年陕西延长石油重新组建，伴随着这些能源企业股份公司现代企业制度的建立和完善，政府对石油工业的管理基本实现了政企职能分开和政资管理分开。

（二）全面实施科技兴油战略

1995 年 5 月 27 日全国科技大会后，我国石油工业贯彻执行"经济建设必须依靠科学技术，科学技术工作必须面向经济建设"[①] 的指导方针，针对国民经济迅速发展对油气产品不断增长的需求和油气储量、产量长期徘徊不前的矛盾，构思"科技兴油"战略。围绕科技进步对石油工业持续发展的支撑作用，加强企业科技机构、科技基础条件和科技人才队伍等方面的建设，整合科技资源，建设产学研联合的研发机制，以重点实验室建设为载体，积累了丰富的科技资源，取得了丰硕的科技成就，有力地服务于油田生产建设。石油工业的重组改制上市，加快了科技发展步伐。中国石油、中国石化、中国海油转变为上下游一体化企业，在这个大的改革形势下，形成了科研布局的上下游一体化良性运行机制。

一方面，石油工业开展了科技创新体系和机制建设。1998—2012 年，石油工业认真落实国家中长期科学发展规划纲要，加大对自主创新方面的投入，着力突破制约经济社会发展的关键环节，加快建设创新体系，支持基础研究、前沿技术研究、公益性技术研究。加快建立以企业为主体、市场为导向、产学研相结合的技术创新体系，引导和支持创新要素向企业集聚，促进科技成果向现实生产力转化。深化科技管理体制改革，优化科技资源配置，完善鼓励技术创新和科技成果产业化的法制保障、政策体系、激励机制、市场环境。充分利用国际科技资源，进一步营造鼓励创新环境，努力造就世界一流科学家和科

---

① 1995 年 10 月 23 日，《经济日报》发表国务院副总理朱镕基在 1995 年 5 月 27 日全国科技大会上讲话的主要内容，"经济建设必须依靠科学技术，科学技术工作必须面向经济建设"是讲话的前两部分的标题。

技领军人才，注重培养一线的创新型人才，调动全社会石油工业创新智慧，使石油行业科研力量竞相迸发、涌现，有力支撑了石油工业发展。

另一方面，石油工业获得重大科技创新成果。国家科学技术进步奖的获奖对象是在国家层面推广应用先进科学技术成果，完成重大科学技术工程、计划、项目等方面做出重大贡献者。1998—2012 年，石油工业获得国家科技进步特等奖 2 项、一等奖 13 项，专利金奖 1 项。习近平在 2009 年 9 月 22 日召开的大庆油田发现 50 周年庆祝大会上指出，国有企业的发展和进步，必须突出科技创新这个主题。① 石油工业实施科技创新战略，全面完成科技管理体制的企业化转变，努力建设创新型企业，把提升自主创新能力放在突出位置。围绕主营业务发展需求，一手抓关键技术攻关，一手抓技术创新能力建设。通过技术研发培育创新能力，依靠创新能力的提升，实现技术突破，使技术创新成为实现持续有效快速发展的重要支撑。在勘探开发、油气储运、工程技术与装备等研发领域，取得了一大批创新成果，实现了"两个转变"，即由跟踪模仿向自主创新的转变，由主要为国内业务提供技术支持向立足国内、大力开拓海外业务的转变。石油工业在深化改革中落实"稳定东部，发展西部"和"油气并重"的战略部署，逐步建立了新的科学技术管理体制和运行机制，连续实施了"九五"到"十一五"的科技发展计划，取得了一大批重要科技创新成果，有力支撑和推动了石油工业的科学、快速、高质量发展，有效支撑了石油工业的改革与发展。

---

① 习近平出席大庆油田发现 50 年庆祝大会［EB/OL］. 中国政府网，2009-09-22.

（三）重大工程惠及人民需求

新中国的石油工程项目建设是随着石油工业的发展而发展起来的，中国共产党领导石油工业发展过程中，秉承"以人民为中心"的发展思想，实施石油输送管道工程，为国家能源储备提供强大脉络支撑；实施"西气东输"工程，节能减排提高人民生活水平；实施石油战略储备工程，维护国家及人民安全。这些重大工程的实施，对保障国家能源安全、增强人民幸福指数等都具有重大意义。

第一，实施石油输送管道工程，为国家能源储备提供强大脉络支撑。石油（天然气）管道是能源管道运输的基础支撑，对国家的能源储备具有重要的战略意义，它能减少石油（天然气）的运输成本，增加运输的可靠性，石油（天然气）管道工程建设的好坏，将影响到石油（天然气）运输的效率。管道建设是石油工业中的重要组成部分，不管是原油冶炼、原油生产，还是石油、天然气的远程输送，每个环节都离不开管道建设，因此，石油输送管道工程对保证国家能源安全具有重要的作用。

第二，实施"西气东输"工程，节能减排提高人民生活水平。2000年2月，国务院第一次会议批准启动"西气东输"工程，这是仅次于长江三峡工程的又一重大投资项目，是拉开"西部大开发"序幕的标志性建设工程。惠及人口超4亿，是惠及人口最多的基础设施工程，其全长4200千米，"西气东输"每输送100亿立方米天然气，可替代标煤1300万吨，相当于种植4400万公顷阔叶林，是实实在在的节能减排工程。2004年10月1日，正值中华人民共和国成立55周年，"西气东输"工程全线投产，2005年1月1日实现全线商业运营的整体建设目标。"西气东输"工程的建设，对于把西部资源优势转化成经济优势、改变沿线的能源结构，促进产业结构调整、改善大气环境质量、提高人民生活水平都具有十分重大而深远的意义，能够拉动机械、电力、化工、冶金、建材等相关行业的发展，对于扩大内需、增加就业都具有积极的现实意义。

第三，实施石油战略储备工程，维护国家及人民安全。随着国民经济的持续快速发展，中国的经济逐年增长，石油进口量逐渐加大，对外依存度不断提高。所有的发达国家都在建立自己的石油战略储备，美国的储备量是世界最大的，超过1亿吨，不仅有石油战略储备，还有商业储备，不仅储备原油，还储备成品油。中国的储备量相对较少，不足以满足中国的石油安全。除此之外，足够的石油储备量也能更好地平抑石油的投机，稳定石油的市场价格。不论从安全还是市场的角度，筹备石油储备基地对中国这个制造业大国来说都具有深刻的意义。中国的战略石油储备，是应对突发事件，防范石油供给危险，"确保国家能源安全"的重要举措。自2003年起，中国就开始筹建石油储备基地。在构建国家石油战略储备的同时，中国还鼓励企业开展商业储备。目前，以国家战略储备为主体、商业储备为补充的中国特色石油储备体系正在不断探索和完善之中。

（四）加强安全环保健康管理

1998—2012年，中国石油工业一个明显的转变是安全环保健康工作越来越受到重视，并在不断探索中取得了较大的进步。进入21世纪，三大石油公司都坦诚地向社会公布安全环境健康业绩。随着陆续拓展海外市场，在委内瑞拉、苏丹等国家和地区相继开发油田，一大批物探、钻井、油田建设队伍走出国门，安全环境健康管理急需与国际接轨。这个时期，我国石油工业企业也发生了一些特大恶性事故。深刻汲取这些事故的沉痛教训，改进安全和环保管理，也大大推动了石油工业安全环保健康工作。剖析历史教训，无论何时，质量健康安全环保工作都是石油工业行稳致远高质量发展的生命线，加强安全环保健康管理成为石油工业可持续发展的关键所在。

首先，安全生产管理是石油工业必须重视的关键方面。自1999年起，石油企业坚持"安全第一、预防为主"的安全生产方针，逐步健全完善各项安全规章制度，不断提高员工安全生产意识，扎扎实实做好安全监督管理工作，切实贯彻落实安全隐患治理工作，使得各项安全生产管理工作有了质的飞跃。一是建立健全安全规章制度，逐步建立全新监督管理制度，建立安全生产责任制，梳理安全管理制度体系等；二是加强安全隐患治理，通过自上而下的抽查、检查，自下而上的整改，安全生产隐患得到有效治理；三是加大安全培训力度，夯实安全生产基础。

其次，环境保护管理是石油工业必须关注的重要方面。随着社会关于环境保护的呼声越来越大，国家对环境保护的标准也越来越高。石油工业开发建设活动，也走过了从忽视环境污染、生态损坏，到保护环境、追求环境和谐发展的过程，实现了能源与环境的和谐发展。通过建立环境管理体系、落实环境保护责任制、加强污染综合治理、推行建设项目环境保护管理等举措，不断加强环境保护管理。

最后，职工卫生健康是石油工业必须注重的基本问题。在开采石油、天然气的同时，石油工业还要承担对员工、客户、供应商、社区以及政府等其他利益相关方的相应责任。中国石油、中国石化和中国海油认真落实"以人为本，关爱员工"的管理理念，积极采取一系列措施保护员工身体，让全体员工拥有健康，享受工作，享受生活。

自 2000 年始，中国石油天然气股份有限公司每年都编制并发布《年度健康安全环境报告》，将每年的事故情况、重大环境事件、健康安全环保指标情况，以及健康安全环保主要工作向社会公布。中国石油化工股份有限公司和中国海洋石油有限公司自上市以来，也每年都向社会发布年度报告。其中包括健康安全环保内容，如健康安全环保工作综述、安全事故、安全大检查、安全培训、安全活动、应急管理、隐患治理、建设项目"三同时"管理、健康管理、污染治理、节水减排和 HSE 科研等情况，充分接受社会的监督，提高了三大石油公司在社会中的信任度。

第四节　中国特色社会主义新时代石油工业的守正与创新（2012 年至今）

党的十八大以来，习近平总书记多次对中国石油和中国石油相关工作做出重要指示，并就保障国家能源安全、弘扬石油精神等各方面工作提出明确要求，勉励石油企业当好标杆旗帜和共和国的"种子队"、勇当能源保供"顶梁柱"。这些都为新时代中国石油高质量发展指明了前进方向、提供了根本遵循。石油工业以习近平新时代中国特色社会主义思想为指导，深入贯彻落实中共中央、国务院关于"稳定东部、发展西部，国内为主、国外补充，油气并举、借阅与开发并重"的方针，以保障国家能源安全为己任，坚持深化改革开放，大力实施资源战略、市场战略、国际化战略和创新驱动发展战略，调整产业结构，转变发展方式，实现了持续有效的高质量发展；坚持利用"两种资源、两个市场"，积极参与国际油气市场竞争，借力国家"一带一路"倡议，加强与共建"一带一路"国家和地区的油气合作，海外油气业务开创出新局面。

一、持续深化改革的石油工业

石油工业三大国有企业贯彻落实中共中央、国务院关于深化国有企业改革的各项决策部署，深入学习贯彻落实习近平系列重要讲话、批示精神，积极稳妥地实施一系列深化改革创新发展的战略举措，推进石油工业积极稳健、高质量地向前发展。根据中共中央、国务院《关于深化国有企业改革的指导意见》的总体要求，在 2017 年—2018 年，"三大"石油公司全面完成公司制改制，成为国家单独出资的国有企业。2019 年 12 月，国家石油天然气管网集团有限公司成立，对于促进油气管网的互联互通、构建"全国一张网"，更好地为在全国范围内进行油气资源调配、提高油气资源配置效率、保障油气能源安全稳定供应方面发挥更大作用。为持续深化改革，石油企业着重从以下四个方面进行推进。

第一，改革创新体制机制。体制机制创新是石油企业发展的内在要求。十八届三中全会做出全面深化改革若干重大问题的决定，国务院国资委推动建立委托代理关系和激励约束机制等现代企业管理制度，国企改革进入"治理大变革"时期，而建立健全董事会、完善公司治理体系是这一轮改革的重点。石油企业坚持思想再解放、稳步再推进，按照建立中国特色现代企业制度的方向，推动石油企业的深化改革向各个领域纵深发展。

第二，强化安全生产责任管理。石油企业把安全生产作为首要任务，始终贯穿于其生产建设和经营管理的全过程。在安全生产方面，石油企业坚持"党政同责、一岗双责、失职追责"的原则，每年与企业的党政主要领导签订安全生产责任书，层层分解落实安全生产目标责任，确保各项安全措施得以有效执行。此外，通过推进 HSE 管理体系（健康、安全、环境三位一体的管理体系）建设、加强监控管理、排查消除安全隐患等措施，实现了石油工业安全生产形势的总体稳定。

第三，节能减排低碳绿色发展。环境保护是国家对企业履行社会责任、生态责任的第一要求。石油工业油气勘探开发点多、线长、面广，环境保护管理难度大、风险高，特别是海洋油气勘探开发所面临的环境更特殊、更复杂，所以对环境保护管理工作的要求更高。石油工业作为能源行业的重要组成部分，坚决贯彻落实国家节能减排和生态环境保护的方针政策。石油企业坚持"绿水青山就是金山银山"的发展理念，积极推进资源节约型、环境友好型企业建设。通过落实节约能源目标责任、完善工作机制、推进重点工程等措施，实现了能源节约、污染物减排和低碳绿色发展目标，为构建清洁低碳、安全高效的能源体系做出了积极贡献。

第四，数字智能信息化建设。按照国家《2006—2020 年国家信息化发展战略》规划，石油企业加强信息技术基础设施建设，积极推进专业应用系统建设，为数字化转型和智能化发展提供了有力支撑。在信息化建设过程中，石油企业坚持"统一规划、统一标准、统一设计、统一投资、统一建设、统一管理"的原则，确保信息化建设的科学性、合理性和高效性。通过实施一系列重要举措，"两化"融合取得显著成效，为石油工业迈向共享智能的发展注入了新动力。

二、创新驱动发展的石油工业

在中共中央、国务院深入实施创新驱动发展战略的指引下，石油工业领域的三大国有企业坚决贯彻落实决策部署，不断深化科技体制机制改革，全面加强科技创新体系建设。这些企业坚决攻克制约发展的关键核心技术难题，显著提升了科技创新能力和核心竞争力。在中国共产党的坚强领导下，石油工业领域持续深化改革、优化重组，构建了适应新时代发展要求的科技管理体制机制。

第一，在科研合作与成果转化方面。石油工业"三大"国有企业紧密依托高等院校和科研院所，建立了国家级科技项目、国家级实验室、国家级研发（技术）中心等相配套的专业研发组织机构。这些机构大力推进国家重大科技专项、重大开发项目试验，取得了一大批重要的科技成果，有效服务和支撑了石油工业有质量、有效益、可持续发展的目标。

第二，在国家重大科技专项攻关方面。石油工业"三大"国有企业不断加强石油科技体系建设，深入实施科技创新驱动战略。在油气资源勘探开发关键技术、集成配套技术等领域取得了重大进展，显著提升了企业的自主创新能力和核心竞争力，为推动新时代石油工业发展提供了有力的技术支撑。同时，这些企业始终坚持"主营业务战略驱动、发展目标导向、顶层设计"的科技发展理念，集中力量组织完成国家重大科技专项、企业重大科技项目攻关，努力攻克制约主营业务发展的关键瓶颈技术，在某些技术领域中走入世界石油科技的前列。

第三，在国家级实验室建设方面。石油工业"三大"国有企业着力加强应用基础研究，依托具有优势条件的科研机构，引进国内外最优秀的科技人才。采用"流动、开放、联合、竞争"的新机制，组建了对石油科技发展具有重要影响的若干重点实验室。这些实验室已成为出理论、出方法、出高水平软硬件的研究基地，成为培养高水平人才及学科带头人、形成合理学科梯队的人才培养基地，以及国内外此领域中的重要学术和技术交流中心。

第四，在国家研发中心建设方面。石油技术研发中心是石油工业为实施科技创新战略、提升核心竞争力而构建的一种新型组织形式。这些研发中心旨在促进技术研发与创新主体的有效结合，探索科技与经济相结合的新型技术体系。以中国石油为例，通过建设技术中心的形式，促进科技资源的优化配置，发挥整体科技优势，克服资源分散、研究项目低水平重复的缺陷，提升自主创新能力，为建成现代化石油企业和具有国际竞争力的跨国企业提供技术支撑。

第五，在国家知识产权管理方面。在中国共产党的领导下，石油工业的知识产权创造、保护和管理能力不断提升。专利申请和授权数量实现新突破，为科技创新成果的有效保护和管理奠定了坚实基础。通过制定提高专利质量和核心技术领域知识产权战略，对科研项目立项、技术路线制定和新兴领域技术的知识产权布局起到了重要指导作用。同时，通过积极探索知识产权管理和科研项目管理互动的管理模式，提高了石油工业科技创新的水平。

三、"一带一路"中的石油工业

在历史的长河中，"古丝绸之路"不仅是中国与外国商贸往来的重要通道，更是文化交流与融合的桥梁，对于共建"一带一路"国家经济社会发展起到了积极的推动作用。改革开放以来，我国经济社会取得了举世瞩目的辉煌成就，成为世界第二大经济体，并与亚、欧、非洲地区国家关系不断巩固和发展。古老的丝绸之路在新时期焕发出更加璀璨的光芒，以"一带一路"倡议的新形式，将中国与亚、欧、非国家的合作推向了新的历史高度。

2013年9月和10月，习近平主席在访问中亚和东南亚国家期间，高瞻远瞩地提出了共建"丝绸之路经济带"和"21世纪海上丝绸之路"的重大倡议，统称为"一带一路"倡议。这一倡议旨在借用古代丝绸之路的历史符号，高举和平发展的旗帜，深化与共建"一带一路"国家的经济合作，共同打造政治互信、经济融合、文化包容的利益共同体和命运共同体。随着"一带一路"建设的深入推进，我国石油工业迎来了难得的发展机遇，"三大"石油公司积极响应国家号召，大力推进"一带一路"建设，促进国际业务稳健发展。

在"十三五"期间，我国石油企业紧密围绕国家"一带一路"倡议，坚持"互利共赢、共同发展"的合作理念，遵循"共商、共建、共享"原则，以中亚、中东、非洲以及亚太地区为重点区域，不断巩固和扩大区域油气合作规模，海外油气合作成果丰硕。中国提出的"一带一路"倡议得到了我国石油工业的积极响应与实践，其成效不仅惠及共建"一带一路"国家，更造福于世界人民。

第一，在能源战略合作方面，我国石油工业坚决贯彻落实国家改革开放方针政策，树立"大市场、大合作"的发展理念，坚持"有质量、有效益、可持续"的发展方针。"三大"石油公司积极践行"一带一路"发展战略，海外合作领域不断拓展，合作水平和规模不断提升，为我国石油工业的国际化发展奠定了坚实基础。

第二，在共商油气合作新机制方面，石油企业作为国家能源供应的重点骨干企业，在推动能源革命战略、实施"一带一路"倡议中发挥了关键作用。他们依托多年丰富的跨国经营经验，坚持"共商、共建、共享"原则，与共建"一带一路"国家形成了"互利共赢、共同发展"的合作机制，为我国石油工业的国际化发展提供了有力保障。

第三，在合作共建利益共同体方面，面对新的历史机遇，石油企业坚持"共商、共建、共享"的原则，共同应对国际能源的大变革。他们致力于推进"一带一路"油气合作向更宽领域、更深层次、更高水平发展，构建开放共赢、互利互惠的油气合作利益共同体，为世界提供了更多优质清洁能源，为人类社会持续健康发展做出积极贡献。

第四，在共享油气合作成果方面，"一带一路"倡议从理念转化为实际行动，取得了丰硕显著的建设成果。在"十三五"期间，石油企业按照建设"和平之路、繁荣之路、开放之路、创新之路、文明之路"的战略决策，与共建"一带一路"国家的油气合作领域不断拓展、合作规模不断扩大、合作质量不断提升。中央企业"三大"石油公司面对瞬息万变的国际经营环境，全面贯彻落实习近平总书记提出的能源安全新战略和对外开放指示精神，统筹"两种资源、两个市场"，发挥集团化、一体化竞争优势，巩固和扩大了"一带一路"建设成果，取得了显著成效。

四、高质量发展的石油工业

石油工业进入新时代，我国石油企业以习近平新时代中国特色社会主义思想为统领，加强推进党建工作，不断建立完善党的领导体制机制，积极履行全面从严治党主体责任，党建工作研究、交流、信息化建设水平稳步提升，为引领企业深化改革高质量发展提供了坚强的政治保障。习近平总书记高度重视我国石油工业发展，于 2016 年 6 月做出大力弘扬以"苦干实干""三老四严"为核心的石油精神的重要批示中，高度概括我国石油精神的精髓，饱含着对我国石油工业发展的厚望，充分体现对我国石油职工队伍的亲切关怀。2016 年 10 月 10 日，党中央召开全国国有企业党的建设工作会议，习近平总书记出席并发表重要讲话，此次讲话具有划时代的意义。习近平总书记的重要讲话，系统宣示了新时代党领导和发展国有企业的大政方针、根本原则和重大举措，为持之以恒抓好石油工业的国有企业党的建设、深入推进新时代伟大工程提供了行动指南。石油企业深入学习贯彻习近平总书记重要指示批示精神，推动习近平新时代中国特色社会主义思想迅速转化为生动实践，扎实推进党建工作，党的领导进一步加强，管党治党责任进一步压实，以高质量党建引领企业高质量发展。

第一，中国石化党建工作稳步提升。中国石化党组坚持以习近平新时代中国特色社会主义思想为指导，深化落实习近平总书记视察胜利油田、九江石化的重要指示精神，坚持稳中求进、以进促稳、先立后破，以中央巡视整改为牵引，聚焦增强核心功能、提高核心竞争力，开展"牢记嘱托、感恩奋进，创新发展、打造一流"的主题行动，突出抓好转型升级、经营创效、改革创新、风险防控、党的建设等各项工作，更加注重价值创造，持续推动质的有效提升和量的合理增长，为全面完成企业"十四五"规划目标任务打下决定性基础，奋力开创高质量发展新局面，以实际行动做到"两个维护"。

第二，中国石油党建工作突出创新。中国石油以习近平新时代中国特色社会主义思想为指导，全面贯彻党的二十大、二十届二中全会和中央经济工作会议精神，落实中央企业负责人会议要求，坚持稳中求进工作总基调，完整准确地全面贯彻新发展理念，服务和融入新发展格局，深入贯彻国家能源安全新战略，牢记重大嘱托，当好标杆旗帜，紧紧扭住"两大突出矛盾"，遵循"四个坚持"兴企方略和"四化"治企准则，着力推动石油事业发展质效双升，着力布局发展战略性新兴产业，着力实现高水平科技自立自强，着力优化运营提质增效，着力深化改革强化管理，着力依法合规防范风险，纵深推进全面从严治党，全力奋进高质量发展，加快建设世界一流企业，为巩固和增强我国经济回升向好态势，为保障国家能源安全、推进中国式现代化贡献石油力量。

第三，中国海油党建工作持续深入。中国海洋石油总公司牢固树立"在经济领域为党工作"的核心理念，深入理解和把握高质量党建的内在要求，积极执行集团所制定的"三大工程、一个行动"和"四个中心"的战略布局。始终坚持党的领导，从顶层到底层形成统一的认识和行动，建立起党的建设与改革发展、生产经营紧密相连、相互促进的制度体系。在发展的每一个环节，都深刻体现党的指导和引领；在工作的每一项任务中，都坚决贯彻党的目标和意图；在履行职责的每一刻，都坚定体现党的决策和意志；在落实任务的每一处，都充分发挥党的作用和力量。通过这一系列的举措，推动了党的建设与改革发展、生产经营的深度结合，形成了协同并进、共同提升的良好局面。这一过程中，实现了党建工作从"有形"到"有效"的质的转变，使党的建设和科学化水平得到了全面提升。这不仅持续推动了集团公司在竞争力、创新力、控制力、影响力和抗风险能力等多方面的全面增强，而且以高质量的党建为引领和保障，推动了公司的高质量发展。

第四章

中国共产党领导石油工业现代化发展的
经验启示

当前，与马克思、恩格斯生活的时期相比，人类社会经由几百年的现代化发展，在各个方面都"发生了巨大而深刻的变化"①。中国共产党在马克思主义现代化理论的指导下，结合中华优秀传统文化，借鉴世界石油工业现代化发展经验，站在工人阶级立场，运用辩证唯物主义方法，带领我国石油工业实现从无到有、由弱到强的飞跃式现代化发展，在中国共产党的百年历史中留下了浓厚的石油印记，在不断深入推进的石油工业现代化历程中沉淀了丰富的经验启示，至今"仍然闪烁耀眼的真理光芒"②。可以说，中国石油工业现代化是在中国共产党的带领下书写的一部辉煌的创业史、改革史、奋斗史、创新史。深入探究和学习中国共产党在领导石油工业现代化进程中所积累的经验，不仅有助于深化我们对石油工业现代化世界意义的理解，同时也能够为推动我国石油工业现代化的进程提供有益的启示。

---

① 习近平. 在纪念马克思诞辰 200 周年大会上的讲话 [M]. 北京：人民出版社，2018：2.
② 习近平. 在纪念马克思诞辰 200 周年大会上的讲话 [M]. 北京：人民出版社，2018：2.

第一节　推进石油工业现代化必须发挥中国特色
社会主义的制度优势

　　石油工业现代化的发展并非仅限于资本主义模式，现代化与资本主义并非等同概念。资本主义在推动人类社会现代化进程中，确实存在其固有的局限性。马克思与恩格斯通过对资本主义现代化的深入分析，揭示了这一局限性，并强调实现现代化的途径并非仅限于资本主义。他们认为，共产主义社会才是实现现代化的更高级形态，并为此提出了创新的实施路径。中国共产党领导的石油工业现代化之路，正是在发挥我国特有的，而资本主义国家没有的制度优势下，得以飞跃式发展，并作为一种强有力的动力和活力助推着中国式现代化发展。"中国搞现代化，只能靠社会主义，不能靠资本主义。"① 中国特色社会主义制度是中国共产党和人民在社会主义现代化建设实践中，结合中国国情，经过长期探索和实践形成的制度体系。这一制度体现了中国共产党的执政理念和人民的根本利益，具有强大的生命力和广阔的发展前景。它是中国历史发展的必然结果，"是中国发展进步的根本制度保障"②。

---

　　①　邓小平. 邓小平文选：第三卷 [M]. 北京：人民出版社，1993：229.
　　②　习近平. 紧紧围绕坚持和发展中国特色社会主义学习宣传贯彻党的十八大精神：在十八届中共中央政治局第一次集体学习时的讲话 [M]. 北京：人民出版社，2012：5.

一、坚持马克思主义的根本指导地位

马克思主义以其鲜明的预见性和与时俱进的理论品质，在世界思想史上占据着重要地位，对人类社会的发展产生了深远影响。在中国石油工业现代化的发展历程中，正是在马克思主义的指导下，中国共产党领导石油工业完成了从小到大、由弱到强的转变，彻底摆脱了"贫油国"的帽子，在中国式现代化的进程中书写了辉煌的石油篇章。"在人类思想史上，没有一种思想理论像马克思主义那样对人类产生了如此广泛而深刻的影响。"① 马克思主义作为中国共产党的根本指导思想，为中国特色社会主义事业提供了科学的世界观和方法论。在石油工业现代化进程中，中国共产党始终坚持马克思主义的根本指导地位，确保了发展方向的正确性和稳定性。正是在马克思主义的立场、观点、方法的指引下，中国石油工业实现了巨大飞跃。中国石油工业现代化道路的成功实践，有力证明了马克思主义和科学社会主义的真理性，证明了马克思主义关于现代化发展理论的正确性，深刻影响了世界石油工业的发展。恩格斯指出："我们的理论不是教条，而是对包含着一连串互相衔接的阶段的发展过程的阐明。"② 中国共产党在带领中国石油工业现代化的实践中，不断推进马克思主义中国化，始终坚持着马克思主义的根本领导地位。

首先，马克思主义强调实践第一的观点，要求在实践中不断探索、总结经验并上升到理论高度。在石油工业现代化进程中，中国共产党

---

① 习近平. 在纪念马克思诞辰 200 周年大会上的讲话［M］. 北京：人民出版社，2018：10.

② 中共中央马克思恩格斯列宁斯大林著作编译局. 马克思恩格斯文集：第 10 卷［M］. 北京：人民出版社，2009：560.

始终坚持实践与理论的统一，紧密结合石油工业发展的实际，不断总结实践经验，推动理论创新，为石油工业发展提供了科学的理论指导。大庆会战中，石油战线开展对毛泽东《实践论》《矛盾论》的"两论"学习，靠"两分法"前进，坚持实践第一，坚持抓主要矛盾和矛盾的主要方面，用辩证唯物主义观点分析、研究、解决工作中的一系列问题，一举"把贫油国的帽子扔到太平洋"。这种理论与实践相结合的做法，使得中国石油工业的发展始终沿着正确的轨道前进。

其次，马克思主义的历史唯物主义观点认为，人民群众是历史的创造者。中国共产党在领导石油工业现代化过程中，始终坚持群众路线，广泛听取群众意见，充分发挥人民群众的创造力和智慧，推动石油工业不断发展壮大。在大庆石油会战中，大庆各级领导坚持依靠工人阶级办企业，保证职工群众在企业中的主人翁地位。广大工人和技术人员作为石油工业的核心力量，他们用智慧和创造力极大地推动了会战的成功。这种依靠群众、发动群众的做法，不仅增强了石油工业的发展动力，而且提高了人民群众的参与感和获得感。

最后，马克思主义的经济理论为石油工业现代化提供了重要的理论支撑。中国共产党运用马克思主义经济理论指导石油工业发展，深入分析石油市场的供求关系、价格波动等因素，推动产业结构的优化升级和经济发展方式的转变。通过深化体制改革，将石油行业垄断性业务和竞争性业务分离，实现垄断性业务有效监管，竞争性业务公平竞争，恢复石油的商品属性，由市场决定石油价格，由价格引导资源流动，减少不必要的政府干预，构建健康有效的石油工业管理体制和公平竞争的市场体系。这种以经济理论为指导的做法，使得中国石油工业的发展更加符合经济规律和市场需求，提高了产业的竞争力和可持续发展能力。

总之，坚持马克思主义的根本指导地位是中国共产党领导石油工业现代化发展的重要经验启示之一。在实践中，要不断加强马克思主义的学习、研究和实践，确保在现代化进程中始终保持正确的政治方向和发展道路。同时，要继续发挥人民群众的主体作用和创造力，推动石油工业实现更高质量、更可持续的发展。

二、坚持中国共产党的全面领导

中国共产党的领导是推进中国石油工业现代化的根本保证。中国石油工业的发展壮大是在党的领导下成长起来的，走过的每一步都与国家的改革发展紧密相连。党和国家领导人在石油工业发展的每个关键时刻，都及时做出重要指示，为石油工业发展指明方向。历史和实践证明，只有坚定不移地同党中央保持高度一致，始终以党的旗帜为旗帜，以党的方向为方向，以党的意志为意志，才能永葆与党同呼吸、共命运的政治底色，才能实现兴油为党、兴油报国的政治追求。

在新民主主义革命时期，中国共产党领导石油工业在战火淬炼中起航。为了民族解放事业，中国共产党在根据地和解放区贯彻"自力更生、发展生产"的方针，领导人民在极端困难的条件下，建立和发展了石油工业。陕甘宁边区恢复了延长石油厂，生产出汽煤柴油、蜡烛、擦枪油、油墨、凡士林等石油产品，支援了抗日战争。陈振夏为发展陕甘宁边区的基本石油做出了杰出贡献，被授予了"特等劳动英雄"的光荣称号。1944年5月，毛泽东主席还为陈振夏题词——"埋头苦干"。从此，中国共产党领导下的石油工业就深深打下了"永远听党话、跟党走"的烙印。

在社会主义革命和建设时期，中国共产党领导石油工业在道路探索中筑基。那时的中国石油和化学工业基础十分薄弱，1949 年，我国石油产量仅有 12 万吨。新中国成立后，党和政府高度重视并采取措施大力发展石油工业，接管改造日伪和国民党政府遗留的石油企业，完成了公私合营，"一五"计划的实施开启了大规模建设时期。毛泽东同志批准中国人民解放军第十九军第五十七师转为石油工程第一师，8000 余名官兵开赴石油战线主战场，掀开了石油工业新篇章。1958 年，党中央做出勘探开发"战略东移"的重大决策，带来了我国石油工业历史性突破，相继发现开发了大庆、胜利等油田，原油产量快速增长并实现自给。周恩来总理在第二届全国人大第四次会议上庄严宣告："中国人民使用'洋油'的时代，即将一去不复返了。"中国共产党的领导为石油工业在建设社会主义道路探索中奠定了由小变大、由弱变强的发展基础。

改革开放和社会主义建设新时期，中国共产党领导石油工业在改革中腾飞。改革开放进一步解放了生产力，中国石油和化学工业跨入了又一个快速发展的轨道。改革解决了石油和化工行业管理体制管得过多、统得过死的弊端，市场对资源优化配置的基础性、决定性作用逐渐得到发挥，由扩大企业自主权，到推行经济责任制，再到建立现代企业制度，国有企业活力增强，民营企业蓬勃发展。20 世纪 80 年代初，石油工业部报经中央批准，石油行业实行了 1 亿吨原油产量包干、海上大陆架对外开放、引进国外先进技术设备等三大政策，至 20 世纪 90 年代末，已组建了中国石油天然气集团公司、中国石油化工集团公司，实现了宏观层面的政企分开，经资产重组和改制上市，解决了石油石化工业上下游、内外贸、产供销分割和结构不合理的矛盾，与中国海洋石油总公司一道形成了上下游一体化的现代企业管理体制。2010 年，在中国共产党领导下的中国石油工业，已位居世界第二，成为名副其实的世界石油工业大国。中国市场成为世界上增长最快的市场，成为全球石油工业发展的主要引擎之一。

中国特色社会主义新时代，中国共产党领导石油工业在强国建设中逐梦。党的十八大以来，以习近平同志为核心的党中央相继提出了"四个革命、一个合作"能源安全新战略；创新、协调、绿色、开放和共享的五大新发展理念，强调以供给侧结构性改革为主线，大力推进经济实现高质量发展；发表了关于国有企业改革发展和党的建设一系列重要论述，就大力加大勘探开发力度、加强天然气产供储销体系建设等做出多次重要指示批示，为新时代石油工业高质量发展指明了方向。中国共产党带领下的中国石油工业从此进入建设世界石油工业强国的新阶段。

在中国共产党领导下走中国特色社会主义道路，是中国石油和化学工业战胜种种风险挑战，由小变大、由弱变强的根本保证，这是石油工业百年发展历程得出的最重要的历史经验。"十四五"时期，我国正处于"两个大局"交织、"两个一百年奋斗目标"交汇、"两个五年规划"交接的关键时刻，我国进入了新发展阶段，石油和化学工业面临的发展机遇前所未有，面临的严峻挑战前所未有。在实践中更要毫不动摇地坚持党的全面领导，推动石油工业实现更高质量更可持续的发展。

三、坚持以人民为中心的发展思想

人民立场，作为中国共产党的根本政治立场，不仅深刻体现了党与人民之间的血肉联系，也是党领导石油工业现代化建设始终如一的根本遵循。自党的十八大以来，以习近平同志为核心的党中央高瞻远瞩，明确提出了以人民为中心的发展思想，鲜明回答了"发展为了谁、发展依靠谁"这一发展中的根本问题、原则问题，彰显了人民至上的执政理念和真挚深厚的为民情怀。在全球现代化进程的大潮中，马克思主义站在劳动者的立场上，以人的自由而全面发展为旨归探索现代化发展之路。中国共产党作为马克思主义政党，自成立开始就"始终代表最广大人民根本利益，与人民休戚与共、生死相依"①，始终坚持"人民至上"的立场。我国石油工业现代化建设的每一个阶段，中国共产党都坚持将人民的需求和期望作为推动发展的出发点和落脚点。以人民为中心的现代化发展思想，不是一句空洞的口号，而是一种实实在在的行动指南。这一思想要求石油工业将人民的需求和期望融入经济社会的各个领域和环节，确保石油工业的发展成果更多更公平地惠及全体人民。马克思、恩格斯在批判资本主义现代化的基础上，提出无产阶级运动是"为绝大多数人谋利益"②，未来的现代化社会应以所有人的共同富裕和全面发展为最终目标。这也为中国共产党领导石油工业现代化提供了指导。中国石油工业现代化坚持以人民为中心，是对马克思主义唯物史观的运用，是对党领导石油工业百余年奋斗历程的深刻总结，深刻体现了中国共产党领导石油工业现代化过程中创造主体和价值主体的内在统一。

一方面，人民是推动中国石油工业现代化的主体力量。"人是全部

---

① 习近平. 在庆祝中国共产党成立 100 周年大会上的讲话 [M]. 北京：人民出版社，2021：12.
② 马克思，恩格斯. 马克思恩格斯文集：第 2 卷 [M]. 北京：人民出版社，2009：43.

人类活动和全部人类关系的本质、基础"①，人本身是现代化建设的承担者和推动者，是社会发展的最大资源和动力中心。人民群众作为实践的主体通过物质生产活动创造自己的历史，从而推动历史的进步。人民既是历史的创造者，也是历史的见证者，既是历史的"剧中人"，也是历史的"剧作者"。2019 年 9 月 26 日，习近平总书记致信祝贺大庆油田发现 60 周年时强调："60 年来，几代大庆人艰苦创业、接力奋斗，在亘古荒原上建成我国最大的石油生产基地。"中华人民共和国成立之初，石油资源极其匮乏，石油工业根基薄、发展缓慢，石油专业相关人才稀缺。当时中国在国际石油舞台上还戴有"贫油国"的帽子，为了摆脱此名，早日迈上石油工业现代化发展正轨，千千万万科技工作者、退伍转业军人、石油工人从五湖四海涌入大庆，夜以继日投入大庆油田会战战场。广大石油工人以高度的使命感和责任感，把国家缺油当作石油人自己的耻辱，将其作为推动自己前进的动力，苦干实干，敢赶敢超，全力保障国家能源需求以支撑国民经济发展。中国石油工业现代化的道路，是一条充满艰辛与探索的道路。在这条道路上，人民是推动石油工业现代化的根本力量，他们的智慧和汗水汇聚成推动石油工业发展的强大动力。

另一方面，以人民为中心是中国共产党领导石油工业现代化的根本价值立场。在以人民为中心的根本立场指引下，党中央把保障和改善民生作为石油工业发展的优先目标，加快推进石油能源民生基础设施和公共服务能力建设，着力提升能源普遍服务水平，经济社会发展和民生用能需求得到有效保障，确保了石油工业的发展成果能够惠及

---

① 马克思，恩格斯. 马克思恩格斯全集：第 2 卷 [M]. 北京：人民出版社，1957：118.

广大人民群众，实现人民对美好生活的向往。改革开放初期，由于经济基础差，在 20 世纪 80 年代，石油工业发展速度虽然较快，但大部分是"补偿性"的，而不是"提升性"的，整体水平不高。这一时期，国家经济实力有限，还不能启动很多重大工程，尤其是在石油工业领域。随着工业化、城镇化的快速推进，人民群众对石油能源的依赖越来越深，对高质量用能的要求也越来越高，人民用能需求已经从"有没有"向"好不好"转变。进入 20 世纪 90 年代，我国综合实力渐渐增强。特别是从后半期开始，石油工业的一批重大工程项目先后开工建设，掀起了中国国家建设的一个热潮。在这些重大工程中，"西气东输"又是重中之重，西部地区不但给东部沿海地区提供了大量天然气，而且开启了天然气在中国能源中的大量应用。"西气东输"工程的实施，深刻体现了中国共产党领导石油工业现代化以人民为中心的根本立场。奋进新征程，必须进一步站稳人民立场，从解决人民群众最关心、最期待的问题做起，切实保障和改善民生需求，不断增强人民群众的获得感、幸福感、安全感。

第二节　推进石油工业现代化必须坚持人与自然和谐共生

马克思和恩格斯在其著作中深入剖析了人类社会现代化进程与人与自然关系之间的紧密联系。他们认为，这一进程不仅是科技进步、经济发展和社会变革的综合体现，更是人与自然关系逐渐深化、相互作用的过程。这种关系随着工业革命的蓬勃发展，不断发生演变，并在每个历史阶段呈现出不同的特征。资本主义现代化进程中，资本增殖的逻辑成为主导力量，导致了人与自然的关系发生了根本性的变革。在这种逻辑下，自然资源被视为无尽的财富来源，被过度开采和利用，造成了人与自然之间"无法弥补的裂缝"①，进而引发了严重的生态危机。这种危机不仅威胁到了人类社会的可持续发展，更在深层次上暴露了人与自然关系的扭曲和失衡。为了解决这一危机，共产主义理念应运而生，它致力于实现人类与自然的和谐共生，构建一个平等、公正、可持续的社会。在这一理念指导下，不仅要追求经济的快速增长，更要关注生态环境的保护和可持续发展。这一启示对我国当前的石油工业现代化进程具有重要意义。在追求石油工业现代化的过程中，必须站在人与自然和谐共生的高度，全面审视和处理人与自然之间的深层矛盾。为确保石油工业的发展与生态环境的保护相辅相成，必须采取科学、合理的开采方式，并加大对生态环境保护的力度，从而实现经济效益、生态效益与社会整体效益之间的良性提升，为可持续发展奠定坚实的基础。

一、坚持人与自然和谐共生的石油工业现代化建设

坚持人与自然和谐共生的石油工业现代化建设，是我国经济社会发展的必然选择。中国共产党始终高度重视生态文明建设，不断深化对人与自然关系重要性的认识。新中国成立初期，毛泽东同志就提出"自然界有抵抗力，这是一条科学。你不承认，它就要把你整死"②，强调要注重环境治理问题。改革开放以来，中国共产党在领导石油工业

---

① 中共中央马克思恩格斯列宁斯大林著作编译局. 马克思恩格斯文集：第 7 卷 [M]. 北京：人民出版社，2009：919.

② 中共中央文献研究室. 毛泽东文集：第七卷 [M]. 北京：人民出版社，2009：448.

发展时，时刻将保护环境作为一项重要的战略任务。同时，"资源节约型、环境友好型社会"建设目标，将保护环境问题提到更高的战略地位。进入新时代，习近平总书记强调："建设生态文明，关系人民福祉，关乎民族未来。"① 党的二十大报告明确提出："我们要推进美丽中国建设，坚持山水林田湖草沙一体化保护和系统治理，统筹产业结构调整、污染治理、生态保护、应对气候变化，协同推进降碳、减污、扩绿、增长，推进生态优先、节约集约、绿色低碳发展。"这为中国共产党领导石油工业现代化提供了重要遵循，将人与自然和谐共生作为石油工业现代化的基本经验，是基于对西方工业现代化的深入反思，且深度结合我们党领导石油工业现代化的实践经验，不断总结提炼而得出的。

首先，坚持人与自然和谐共生的石油工业现代化建设，是在全面、深刻审视西方工业文明反生态性后提出的。西方工业文明创始之初，就以其独特的科技魅力和高效的生产力，使人类社会迈入了前所未有的繁荣的工业时代。但在西方资本主义通过高消耗资源和高污染环境的方式谋求经济发展的背后，却引发了一系列严峻的生态问题。石油工业，作为西方工业文明中不可或缺的一环，其开采与加工过程中产生的废气、废水和废渣，严重污染了自然环境，加剧了全球气候变化。面对新时代、新要求、新挑战，我们必须全面审视西方工业文明的反生态性，以更加审慎和负责任的态度，提出坚持人与自然和谐共生的石油工业现代化目标。这一目标，不仅要求我们在石油开采和加工过程中，注重资源的合理利用和环境的保护，更要求我们在推动石油工

---

① 中共中央文献研究室. 习近平关于社会主义生态文明建设论述摘编［M］. 北京：中央文献出版社，2017：5.

业现代化的同时，实现生态与经济的双重可持续发展。

其次，坚持人与自然和谐共生的石油工业现代化建设，是在系统、全面总结党领导石油工业发展历程中形成的。自新中国成立以来，中国共产党始终高度重视石油工业的发展。在党的正确领导下，我国石油工业历经曲折，终于实现了从无到有、从小到大的历史性跨越。在这一过程中，中国共产党始终以马克思主义自然观为指导，审慎处理"金山银山"和"绿水青山"的辩证关系，积累了丰富的实践经验。石油工业的发展，必须以尊重自然、顺应自然、保护自然为前提，只有这样，才能实现石油工业的绿色可持续发展。坚持人与自然和谐共生的石油工业现代化目标，是我们在总结历史经验的基础上，对石油工业未来发展的科学预见和规划，集中反映了我们党对石油工业现代化发展规律认识的深化。

最后，坚持人与自然和谐共生的石油工业现代化目标，是在积极、稳步推进社会主义现代化进程中提炼的。当前，我国正处于全面建设社会主义现代化国家的新时代，习近平总书记明确提出"我们要建设的现代化是人与自然和谐共生的现代化"，这就要求我们在推动石油工业现代化发展的同时，更加注重生态环境保护。石油工业作为国民经济的重要支柱，其现代化进程必须与整个社会的现代化进程相协调。随着我国经济社会的发展，人民对美好生活的向往日益强烈，对生态环境的要求也越来越高。因此，在推进石油工业现代化的过程中，我们必须始终坚持人与自然和谐共生的理念，将生态环境保护放在突出位置，实现经济发展与生态环境保护的良性循环。这一目标不仅符合我国石油工业发展的实际需要，也体现了我国在新时代的发展追求和使命担当。

坚持人与自然和谐共生，是在全面审视西方工业文明、系统总结党领导石油工业发展历程以及积极推进社会主义现代化进程中总结提炼出来的经验。这不仅体现了我们对生态环境保护的深刻认识和高度负责的态度，也展现了我们对石油工业未来发展的科学预见和规划。在未来的发展中，我们将始终坚持这一目标，以更加审慎和负责任的态度，在推动石油工业追求经济效益的同时，也更加注重生态环境保护，实现石油工业现代化的可持续发展。

二、推动形成石油工业绿色化、生态化生产方式

石油工业作为全球经济的重要支柱，其发展对于能源供应、经济增长以及社会进步具有不可替代的作用。在新时代背景下，绿色低碳发展已成为全球经济演进的潮流与方向。世界各国，特别是主要发达国家，正积极布局绿色与可持续的发展战略，并通过制定相关规则和标准，意图在全球绿色低碳进程中占据主导地位，重塑国际分工格局。这种全球趋势给我国的石油工业带来了巨大的转型挑战。因此，石油行业亟须实现向绿色、生态化生产模式的转变，以适应和引领这一时代潮流。习近平总书记在2023年7月的全国生态环境保护大会上明确指出，我国在生态环境保护方面仍面临结构性、根源性、趋势性的压力，这些压力尚未得到根本性缓解。我国经济社会发展不断向绿色化、低碳化转型，国民经济高质量发展，生态文明建设处在内外压力交叠的关键时期。加快推动绿色低碳转型是解决生态环境问题的根本之策，形成绿色、可持续的生产生活方式为高质量发展奠定坚实生态基础，这为石油工业绿色转型发展提供了根本遵循。绿色化、生态化生产方式是指在石油勘探、开采、加工、运输等全过程中，注重环境保护，

降低能源消耗和污染排放，实现经济效益与生态效益的协调发展。这种生产方式不仅有利于保护生态环境，还有助于提高石油工业的可持续发展能力。

第一，积极构建绿色发展观。马克思曾说过，土地、水等自然资源是劳动不可或缺的"自然生产力"，这意味着在创造物质财富的过程中，自然资源发挥着至关重要的作用。经济发展与自然环境应相互依存，共同促进。正如"绿水青山就是金山银山"所阐释的理念，保护生态环境就是在保护生产力，改善生态环境就是在发展生产力。因此，保护环境和保护生产力之间并非对立关系，而是相辅相成的关系。自然环境作为生产要素的重要组成部分，蕴藏着巨大的生产力。因此，绿色发展观坚持保护环境就是保护生产力，经济发展与生态保护是相互促进、互助互济的关系。

第二，构建绿色生产方式。马克思与恩格斯曾说过，工业化进程深刻改变了人与自然的关系。若忽视对人与自然关系的妥善管理，随着工业化的持续推进，人与自然之间的矛盾将日益激化，最终可能导致断裂。为应对这一挑战，必须从石油工业的具体生产实践中寻找解决方案。我国生态环境问题，本质上是高碳能源结构和高耗能、高碳产业结构问题，而不是发展方式问题。我们要坚持绿色的石油工业生产方式，在尊重、顺应、保护自然的基础上，以全面绿色转型为引领，推进生态优先，探索出一条集绿色发展、循环发展和低碳发展于一体的石油工业现代化道路。这一道路将实现生态效益与经济效益的和谐统一，为社会主义现代化建设的可持续发展提供坚实的生态环境支撑。

第三，倡导绿色生活方式。在生活方式上推进绿色发展，主要从消费的领域，引导全民增强节约意识，倡导简约适度、绿色低碳的生活方式。通过宣传教育等方式，提高公众对环保的认识和重视程度，形成全社会共同参与环保的良好氛围。这不仅能够推动石油工业向绿色化、生态化方向发展，还能增强整个社会的环保意识和行动力。首先，积极倡导节约精神，深化宣传教育，确保绿色生活方式成为全社会的自发行动。这既要在思想上引起足够重视，更要在行动上得以体现和落实。其次，在人民群众的日常生活，包括衣、食、住、行等各个方面，坚决抵制奢侈浪费和不合理消费。推动生活方式的绿色变革，不仅能够引导生产领域提供更多生态产品，还将推动生产方式的绿色转型，进而实现生产系统与生活系统的和谐统一。这不仅有利于环境保护，更有利于提高我们的生活质量。此外，为了实现绿色生活方式的广泛推广，需要政府、企业和社会团体三方形成合力。政府应履行其职责，在各个领域如机关、家庭、学校、社区等，进行绿色理念的宣传，并设立专门的绿色服务部门。企业应积极响应，通过绿色转型，提供更高质量的绿色产品。同时，社会团体在推行绿色消费中也应发挥重要作用，营造全社会共同参与的良好氛围。

三、建立完善石油工业绿色可持续发展的制度体系

马克思与恩格斯深入分析了资本主义现代化进程，指出资本主义现代化导致了人与自然关系的对立与矛盾，而产生这种矛盾的根本原因就是资本主义生产资料的私人占有制度。这种制度加剧了自然资源的过度消耗和生态环境的破坏。马克思和恩格斯认为，解决人与自然对立关系的根本途径在于对资本主义生产方式和整个社会制度进行彻底的变革。他们强调，只有通过实现生产资料的公有制，才能消除人

与自然之间的对立，实现和谐共生。在我国推进石油工业现代化建设的进程中，生态文明建设具有举足轻重的地位。中国共产党在领导石油工业现代化发展中，不断认识到保护环境、实现人与自然和谐共生是工业发展不可忽视的重要课题。这不仅关系到人民群众的切身利益，也关乎国家的可持续发展。为了加强生态文明建设，石油工业应建立完善的石油工业绿色可持续发展制度体系。

石油工业的绿色发展对生态环境的保护而言至关重要。传统的石油工业在生产过程中产生的废气、废水和固体废弃物对环境造成了严重污染。建立完善的制度体系能够有效规范和引导石油企业进行绿色生产，减少环境污染；有助于推动石油工业的可持续发展，实现经济、社会和环境的共赢。此外，随着全球环境保护意识的加强与提高，绿色发展已经成为世界各国的共同目标。建立完善的石油工业绿色发展制度体系，更是有助于提高石油企业的国际竞争力，使其在国际石油市场上获得更大的竞争力和发展空间。

而建立石油工业绿色发展制度体系的措施，可以从以下五个方面着手推进。其一，制定相关法律法规。政府应制定相关法律法规，规范石油工业的绿色发展。通过立法明确石油企业在生产中应尽的环保责任和义务，并且通过各种方式加大对环境污染的监管和处罚力度，为石油工业的绿色可持续发展提供法律保障；其二，建立绿色标准体系。制定石油工业绿色可持续发展的标准体系，包括环保标准、能效标准、排放标准等。通过标准的制定和实施，正确引导石油企业进行绿色生产和技术创新，推动整个石油行业的绿色转型升级；其三，完善政策支持体系。政府应加大对石油工业绿色可持续发展的政策支持力度，包括财政补贴、税收优惠、信贷支持等。通过政策引导，鼓励石油企业增加对绿色技术的研发和推广投入，推动绿色生产方式的普及和应用；其四，加强国际合作与交流，共同应对全球环境保护问题。积极参与国际石油工业绿色可持续发展规则的制定，借鉴国际先进经验和技术，推动我国石油工业绿色可持续发展制度体系的完善；其五，建立绿色监管体系。政府应加大对石油工业的环保监管力度，建立完善的绿色监管体系。加强环境监测和信息公开，对石油企业进行定期评估和检查，确保石油企业严格执行环保法律法规和绿色标准。同时，建立公众参与机制，加强社会监督，共同推动石油工业的绿色可持续发展。

当前，也应加快构建石油和化工行业绿色发展的长效机制。一是推进绿色制造体系建设。全面落实《关于促进石化产业绿色发展的指导意见》，围绕《推进绿色发展总体实施方案》提出的重点任务，建设和完善行业绿色标准化体系。二是坚决打赢污染治理攻坚战。要在深入实施绿色发展六大专项行动计划的基础上，加快推广加氢精制、液相氧化、高效催化、微通道反应等先进的绿色工艺，推进传统产业绿色化改造。三是全力打造绿色低碳循环产业链。按照减量化、再利用、资源化原则，实施资源回收和综合利用，加快建立绿色低碳循环型产业体系。完善能效"领跑者"发布制度和行业节能标准体系，深入开展能效对标，提高企业能效水平。四是培育壮大绿色发展新动能。发挥产学研协同创新作用，大力开展关键领域的科技创新。围绕废盐、废酸、油泥、磷石膏、VOCs 等污染治理和 CO_2 综合利用等难题，开发一批先进适用的无害化处理与资源化技术。积极推进膜材料、高端纤维滤料等新材料在环境治理领域的应用。五是全面高水平地推进责任关怀。要通过公开化学品信息，加强与社会公众沟通，建立严格的检测体系、运行指标和认证程序，促进生产绿色化。在克服挑战和抓住机遇的过程中，共同努力推动石油工业的绿色发展迈上新台阶。

第三节 推进石油工业现代化必须把科技创新作为战略支撑

在马克思和恩格斯的现代化思想中，明确指出了科技的强大力量，并认识到是科技革命推动人类进入了现代社会。马克思曾说，"科学的力量"[①] 是劳动的社会生产力的重要组成部分，"科学因素第一次被有意识地和广泛地加以发展、应用并体现在生活中，其规模是以往的时代根本想象不到的"[②]。科学技术持续进步，不仅深刻影响着社会的生产，推动产业革命向前发展，同时也深刻影响着人类的生活方式和思维模式。这种影响如同一只强大的手，推动着社会发生深刻且不可逆的变革。马克思和恩格斯从世界历史的角度深入阐述了科学技术的重要性，他们认为科学技术是推动现代化的核心动力，也是推动历史进步的最高革命力量。马克思和恩格斯关于科学技术对现代化发展重要作用的论述，为当下推进石油工业现代化提供了重要启示。

科技是国家强盛之基，创新是民族进步之魂。百年以来，中国共产党高度重视技术创新，不断完善国家创新体系，增强技术创新能力，加快推进世界科技强国建设，科技创新是实现石油工业现代化的关键

---

① 中共中央马克思恩格斯列宁斯大林著作编译局 . 马克思恩格斯文集：第八卷 [M]. 北京：人民出版社，2009：206.

② 中共中央马克思恩格斯列宁斯大林著作编译局 . 马克思恩格斯文集：第八卷 [M]. 北京：人民出版社，2009：359.

因素。通过科技创新，可以提高石油勘探开发的效率和质量，降低生产成本，减少环境污染，提高石油产品的竞争力和附加值。首先，科技创新可以提高石油勘探开发的成功率。随着石油资源的日益减少和复杂化，传统的勘探开发方法已经难以满足需求。通过科技创新，不断更新勘探技术和开采方法，提高石油资源的发现率和开发率，为石油工业的发展提供更可靠的保障。其次，科技创新可以降低石油生产成本。在石油生产过程中，需要大量的其他资源成本，同时也会产生一定的废弃物。通过科技创新，采用新的生产技术和生产设备，可以提高能源利用效率和生产效率，减少资源消耗和废弃物的产生，从而降低生产成本，提高经济效益。此外，科技创新可以促进石油工业的绿色发展。随着环保意识的提高，石油工业需要实现绿色发展，减少对环境的负面影响。通过科技创新，采用新的环保技术和设备，可以实现对废弃物的有效处理和再利用，减少对环境的污染和破坏，同时也可以提高石油企业的社会责任感和树立良好的形象。最后，科技创新可以提高石油产品的附加值。传统的石油产品已经难以满足市场需求，需要开发新的石油产品和服务。通过科技创新，采用新的加工技术和设备，可以提高石油产品的质量和附加值，开发出更具市场竞争力的新产品和新服务。只有通过科技创新，才能实现石油工业的高效、绿色、可持续发展，提高企业的竞争力和市场地位。因此，政府和企业应该加大对石油工业科技创新的投入和支持力度，加强产学研合作和技术转移转化，推动石油工业科技创新的快速发展。

一、以科技独立自主创新发挥石油工业现代化科技引擎作用

早在中国共产党领导石油工业现代化发展的起步阶段，我们党就开

启了技术创新的探索。在新民主主义革命时期，在党的领导下，技术创新工作进入系统性的探索阶段。毛泽东等党的领导人大力提倡学习科学知识，鼓励科学研究。一方面，高度重视知识分子的作用。毛泽东同志明确提出："没有知识分子的参加，革命的胜利是不可能的。"① 同时认为，中国共产党在建立新中国的伟大斗争中，一定要善于吸纳知识分子，把一切有用的知识分子团结起来。另一方面，高度评价技术创新在经济中的重要性。同时提出，所有的共产党员都应该学习经济工作，其中许多人应该学习工业技术。在社会主义革命和建设时期，我国面临着从革命到经济建设的转变，党和国家领导人深刻体会到缺乏科学技术所带来的滞后性。1956 年，周恩来同志在代表中共中央做《关于知识分子问题的报告》中提到，我们的科学技术仍然落后，必须急起直追，并发起了"向科学进军"的号召。在推进石油工业技术创新的过程中，毛泽东特别强调了自力更生的重要性。因此，在苏联政府单方面撤走石油工业相关专家时，中国才能保持独立自主创新，靠自己的力量发展石油工业。在改革开放和社会主义现代化建设新时期，邓小平提出"科学技术是第一生产力"，并指出："没有现代科学技术，就不可能建设现代农业、现代工业、现代国防。没有科学技术的高速发展，也就不可能有国民经济的高速度发展。"这一重要论述为石油工业现代化的发展和转型奠定了重要的思想基础。

党的十八大以来，以习近平同志为核心的党中央高度重视科技创新的支撑作用。习近平总书记指出："科技兴则民族兴，科技强则国家强。"在当前全球能源转型和科技创新的大背景下，石油工业必须紧紧

---

① 毛泽东．毛泽东选集：第二卷［M］．北京：人民出版社，1991：618.

抓住科技创新这一战略支撑，通过独立自主创新，提升自身的现代化水平，以应对日益激烈的市场竞争和环境挑战。当前，石油工业的科技创新取得了一定的成果，但在独立自主创新方面仍存在诸多问题。首先，过度依赖外部技术，自主研发能力不足。这导致在关键技术领域受制于人，难以实现核心技术的突破。其次，创新体系不完善，缺乏有效的产学研合作机制。这导致科技创新的效率低下，资源浪费严重。此外，科技创新人才短缺，培养体系不完善，也制约了石油工业的科技创新发展。科技独立自主创新是提升石油工业现代化水平的必由之路。首先，通过自主研发，掌握关键核心技术，可以打破外部技术封锁，降低对外部技术的依赖，提高自主创新能力。其次，科技独立自主创新，有助于提升石油工业的整体竞争力。最后，科技独立自主创新对于推动石油工业绿色发展具有重要意义。通过研发环保技术，减少生产过程中的环境污染，提高资源利用效率，实现可持续发展。

抓住新一轮科技革命和产业变革的机遇，发挥石油工业现代化科技创新的新引擎作用。回顾历史，世界各个发达国家都抓住了科技革命的时机，实现了现代化的飞跃。面对新一轮科技革命，石油工业要想实现现代化也应抓住机遇，因此，我们应该加强以下四个方面。第一，加强石油工业自主研发能力。加强自主研发能力是实现科技独立自主创新的关键。政府和企业应加大对石油工业科技创新的投入力度，提高自主研发水平。通过设立专项资金、税收优惠等政策措施，鼓励企业增加研发投入，开展核心技术攻关，打赢关键核心技术攻坚战。同时，加强与高校、科研机构的合作，推动石油工业科技成果的转化和应用。第二，完善石油工业创新体系。完善创新体系是实现科技独立自主创新的保障。建立以企业为主体、市场为导向、产学研深度融合的创新体系，形成协同创新的强大合力。加强产业联盟建设，推动产业链上下游企业间的合作与协同创新。建立健全科技创新的评价机制和激励机制，激发创新活力。第三，培养石油工业科技创新人才。培养科技创新人才是实现科技独立自主创新的基石。加强石油工业科技创新人才的培养和引进，建立完善的人才培养体系。通过设立人才培养专项计划、加强国际交流合作等方式，培养一批具有国际水平的科技创新人才。同时，优化人才引进政策，吸引国内外优秀人才为石油工业的科技创新贡献力量。第四，强化石油工业知识产权保护。强化知识产权保护是实现科技独立自主创新的重要保障。加强知识产权的宣传和培训，增强全社会的知识产权保护意识。建立健全知识产权保护制度，加大对侵权行为的打击力度。同时，加强国际知识产权合作与交流，积极参与国际知识产权规则制定和谈判。

二、以深化体制机制改革激发石油工业现代化科技动力

科技创新是现代化发展的不竭动力，对于推动社会进步具有决定性作用。然而，正如马克思和恩格斯所说，科技的发展并非孤立存在，而是深受社会制度的影响和制约。在不同的社会制度下，相同的科技条件可能产生截然不同的效果。马克思曾说，在资本主义社会中，"使自然科学为直接的生产服务"，成为资本增殖的工具。然而，资本主义制度下的科技发展也暴露出其局限性，"科学对劳动来说，表现为异己的、敌对的和统治的权力"，尽管如此，科技作为生产力的重要组成部分，仍然成为推动社会形态转变的强大力量。马克思和恩格斯对于科技创新的思想为我们提供了深刻的启示，指明了发展的方向。在新时代，要充分发挥科技创新在现代化发展中的引擎作用，必须深化科技

体制改革，坚决破除束缚科技创新的思想障碍和制度藩篱。只有通过改革，才能最大限度地激发和释放科技中蕴含的巨大生产力潜能，为我国的石油工业现代化提供强有力的支撑。

一方面，从体制机制改革的方向与重点而言。首先，优化管理体制对于激发石油工业科技动力至关重要。通过减少政府干预，赋予企业更大的市场自主权，可以进一步释放企业活力。同时，推进混合所有制改革，实现股权多元化，将有助于提升企业的竞争力和创新能力。此外，加强石油行业协会的建设和自律作用，以及创新科技研发机制，是推动石油工业现代化的关键。其中包括加大科技研发投入，推行研发项目市场化运作，鼓励产学研合作，以及优化科技评价体系，鼓励原始创新和成果转化等。其次，完善人才培养与激励机制是保障石油工业持续发展的基石。通过加强专业人才培养，提高人才队伍素质，可以为石油工业的持续发展提供有力的人才保障。同时，推行员工持股计划，激发员工的创新热情，优化薪酬结构，提高技术和管理人才的待遇水平，将有助于激发员工的积极性和创造力。最后，强化市场开拓与国际合作是提升石油工业国际竞争力的必然选择。通过加强市场营销，拓宽销售渠道，提高国内市场份额，可以进一步提升企业的市场竞争力。同时，积极参与国际竞争，开拓海外市场，加强与国际石油公司的合作与交流，共同应对全球能源挑战，将有助于提升我国石油工业的国际地位和影响力。

另一方面，从体制机制改革的实施路径与措施而言。面对百年未有之大变局，面对全球经济形势低迷、油价剧烈波动以及新一轮科技革命来临的复杂交汇时期，我国石油企业深入研究并部署了推进公司治理体系和治理能力现代化的战略思路、工作目标和重点任务。科技创新作为核心驱动力，将为公司的现代化治理提供坚实的支撑。为确保决策部署的贯彻落实，石油企业将积极探索和完善科技治理结构和机制，紧密结合公司治理进程，推动科技工作与公司整体发展的深度融合。同时，根据党中央关于深化科技体制机制改革的决策部署，进一步优化科技资源配置，确保科技创新与石油企业生产经营的紧密配合，为石油工业的长远发展注入新的活力。

国家层面。第一，制定改革方案与路线图，明确改革的目标、任务和时间表。加强顶层设计，确保改革方案的科学性和可行性。同时，制定配套政策措施，为改革提供政策保障。第二，加大政策支持力度。加大对石油工业体制机制改革的政策支持力度。在财政、税收、金融等方面给予优惠和扶持，降低企业改革成本。同时，建立健全改革风险防范机制，保障改革的顺利实施。第三，发挥试点示范作用。选择具备条件的地区和企业开展改革试点工作，发挥示范效应。鼓励试点单位大胆探索、先行先试，总结经验并逐步推广。通过试点示范，不断完善改革措施，推动全行业的改革进程。第四，加强监督评估与反馈调整。加强对石油工业体制机制改革的监督评估工作，确保改革目标的实现。建立完善的监督机制和评估体系，对改革过程和成果进行跟踪评估。及时反馈调整改革中存在的问题和不足之处，不断完善改革措施。同时，加强舆论监督和社会参与，提高改革的透明度和公信力。

企业层面。在关键核心技术攻关方面，石油企业将坚决贯彻党中央关于自主创新的战略部署，不断创新组织手段和管理方式。通过完善项目招投标和项目经理选聘机制，实施"责任状"管理和里程碑管理等举措，确保在核心技术领域取得实质性突破，提升我国在全球油气工业领域的竞争力。人才是科技创新的关键。因此，在人才培养和评价方面，石油企业要坚决落实党中央关于人才工作的决策部署，不断完善石油科学家和青年英才的培养机制和政策。通过发挥重大科技项目和科研基地的作用，以及充分利用国家优惠政策，加大对核心研究人员的激励力度，营造尊才爱才的良好氛围，为科技创新提供强有力的人才保障。在项目管理方面，石油企业要按照党中央关于提高项目管理效能的要求，构建科学合理的科技项目分类评价体系。针对不同类型的科技项目特点，制定各有侧重的评价标准和管理办法。同时，石油企业要建立重大专项筛选管理机制，全面推广项目制管理模式，赋予项目经理更多的资源调配自主权，提高项目管理的效率和水平。科研成果转化是科技创新的重要环节。为此，石油企业要按照党中央关于促进科技成果转化的决策部署，建立健全重大专项成果转化管理机制，并与奖励评审制度紧密挂钩。通过组织好项目收益分红试点工作并推广经验，石油企业要进一步完善科技成果转化激励政策，促进成熟技术产品的推广和应用，实现科技成果的价值最大化。在培育开放创新生态方面，石油企业要积极响应党中央关于构建开放型经济新体制的号召，研究搭建基于物联网的统一管理平台，实现科研设施与仪器管理的全链条有机衔接。同时，石油企业要加强与国内外创新主体的合作与交流，推进创新联合体的建设和发展，提高石油企业在全球范围内配置科技资源的能力和影响力，为我国石油工业的可持续发展贡献力量。

三、以完善石油教育体系扩大石油工业现代化人才储备

科技创新是推动社会进步的核心动力，而人才则是科技创新的基

石。正如马克思所说，人类历史上的一切进步都是现实的人自觉活动的结果。科技创新亦不例外。在资本主义社会，科学技术虽取得了显著进步，但劳动者受限于固定生产部门和单一技术，制约了科技创新的全面发展。面向未来，我们必须充分发挥劳动者的主观能动性，使其能够灵活运用已有科技，并持续推动科技创新，以服务于社会主义现代化建设。这也启示着我们，教育在培养科技创新人才中发挥着至关重要的作用。它是提升科技素质、孕育创新思维和能力的关键途径。当前，国际竞争日趋激烈，而竞争的实质在于人才和教育。因此，我们必须将教育摆在优先发展的战略地位，通过深化改革、提高质量，为科技创新提供坚实的人才保障。要实现石油工业现代化的目标，就离不开高水平创新人才的支撑。历史已经证明，"全部科技史都证明，谁拥有了一流创新人才、拥有了一流科学家，谁就能在科技创新中占据优势"①。因此，我们必须将培养创新型人才作为长远发展的核心任务，通过优化教育资源配置、加强产学研合作等方式，为科技创新提供源源不断的人才支持。随着石油工业的快速发展和技术的不断进步，其对高素质人才的需求越发迫切。完善石油教育体系，扩大石油工业现代化人才储备，对于推动石油工业的持续发展具有重要的战略意义。

一方面，从完善石油教育体系的措施而言。第一，要优化教育资源布局。针对教育资源分配不均的问题，应加大投入力度，提高石油教育资源在各地的覆盖率。同时，通过建立石油教育联盟、共享优质教学资源等方式，实现资源共享，提高资源利用效率。第二，要更新课程设置与教学内容。根据石油工业的发展趋势和市场需求，及时更

---

① 习近平. 在中国科学院第十九次院士大会、中国工程院第十四次院士大会上的讲话 [M]. 北京：人民出版社，2018：18-19.

新课程设置与教学内容。加强实践教学环节，提高石油高校学生的实际操作能力。同时，关注行业前沿技术，将最新科技成果融入课堂教学，确保学生所学知识与行业同步。第三，要加大师资队伍建设。优秀的教师是培养高素质人才的关键。应加强对石油教育师资队伍的培训和引进力度，提高教师的专业水平和教学能力。同时，鼓励教师与企业合作，了解行业动态，提高教学质量。第四，推行校企合作与产学研一体化。通过校企合作，将企业的实际需求引入教学过程，提高学生的就业竞争力。同时，推行产学研一体化，鼓励学生参与科研项目，提高其创新能力和实践能力。第五，拓宽人才培养途径。除了传统的学历教育外，应积极探索多元化的培养途径。例如，开展职业技能培训、举办专题讲座、推广在线教育等，以满足不同层次、不同需求的石油人才的培养需求。

另一方面，从扩大石油工业现代化人才储备的途径与措施而言。第一，要加大人才引进力度。通过提供优厚的待遇和发展空间，吸引国内外优秀人才加入石油工业。同时，关注海外留学人才，积极引进具有国际视野和创新能力的优秀人才。第二，要实施人才培养计划。制订全面的人才培养计划，面对不同层次和领域的人才需求，开展有针对性的培训和进修。鼓励企业与高校、科研机构合作开展人才培养项目，提高人才培养的质量和效果。第三，要建立完善的人才库和交流平台。促进人才之间的交流与合作。通过人才库的建立，实现对人才的动态管理，为企业提供便捷的人才选拔渠道。同时，通过交流平台促进人才之间的知识分享与合作创新。第四，营造良好的人才发展环境。创造有利于人才发展的良好环境是扩大石油工业现代化人才储备的重要保障。这包括提供完善的福利待遇、构建和谐的企业文化、加强知识产权保护等措施。通过营造良好的人才发展环境，激发人才的创新活力，促进人才的成长与发展。

完善石油教育体系和扩大石油工业现代化人才储备是推动石油工业持续发展的重要举措。优化教育资源布局、更新课程设置与教学内容、加强师资队伍建设、推行校企合作与产学研一体化以及拓宽人才培养途径等措施的实施，可以有效提升石油教育的质量和效果。同时，加大人才引进力度、实施人才培养计划、建立人才库与交流平台以及营造良好的人才发展环境等措施的落实，将有助于扩大石油工业现代化人才储备，为行业的长远发展提供有力的人才保障。

第四节　推进石油工业现代化必须坚持弘扬石油精神

中华人民共和国成立之初，石油工程第一师 8000 余名石油战士响应国家号召，奔赴祖国荒原盆地，投身祖国石油工业建设事业，深扎祖国石油工业现代化建设的血脉之中。他们秉持军人优良传统和严实作风，塑造了石油精神、石化传统的气质和品格。在大庆石油会战期间，面对极其严峻的生产生活环境，以铁人王进喜为代表的老一辈石油工人，展现出了"宁肯少活二十年、拼命也要拿下大油田"的顽强拼搏精神，锤炼出了"严"和"实"的工作作风。这些老一辈石油工人的英勇奋斗，不仅孕育了"大庆精神""铁人精神""石油精神"，更为国家石油工业的发展奠定了坚实基础。2016 年 6 月，习近平总书记做出重要批示，要求大力弘扬以"苦干实干""三老四严"为核心的石油精神，深挖其蕴含的时代内涵，凝聚新时期干事创业的精神力量。

2019 年 9 月 26 日，习近平总书记在致大庆油田发现 60 周年的贺信中提到，大庆精神、铁人精神已经成为中华民族伟大精神的重要组成部分。2021 年 10 月 21 日，习近平总书记视察胜利油田，做出"能源的饭碗必须端在自己手里"等一系列重要指示，并叮嘱大家继承和发扬老一辈石油人的革命精神和优良传统，始终保持石油人的红色底蕴和战斗情怀，为社会主义现代化建设事业做出更大贡献。石油精神不仅是石油工业的宝贵财富，更是推动行业持续发展的精神动力。在当今时代，石油工业的现代化进程不断加速，技术的进步、设备的更新、管理的完善都为行业的持续发展注入了新的活力。然而，在这一过程中，我们不能忽视石油精神的传承与弘扬。石油精神的核心就是艰苦奋斗、开拓创新。过去，老一辈石油人凭借着这种精神，克服了种种困难，为国家的能源安全做出了巨大贡献。今天，这种精神依然具有重要意义。面对国际能源市场的竞争、技术的快速更新以及环境保护的挑战，石油工业需要不断开拓创新，同时也需要保持艰苦奋斗的精神，以应对各种风险和挑战。

弘扬石油精神与推进石油工业现代化是相辅相成的。只有坚持弘扬石油精神，才能确保石油工业在追求现代化的过程中不忘初心、不丢根本，始终保持强大的发展动力。因此，我们要以石油精神构建石油教育体系，以石油精神引领石油文化建设，以石油精神推进石油企业发展，每一个石油人都应当深刻领会石油精神的内涵，将其融入日常工作和生活中，共同为推进石油工业的现代化做出更大的贡献。

一、以石油精神构建石油教育体系

石油精神，作为我国石油工业的宝贵精神财富，不仅在石油工业的发展中发挥了重要作用，而且在教育领域也具有引领和指导意义。在石油工业教育体系中，弘扬石油精神，不仅可以培养学生的职业素养和道德品质，还可以为石油工业的发展提供强大的人才支持。石油精神强调的是艰苦奋斗、开拓创新的精神，这正是职业素养的重要组成部分。通过弘扬石油精神，可以培养学生的职业意识、职业道德和职业能力，使其更好地适应未来职业发展的需求。此外，弘扬石油精神，能够提高学生的道德品质。石油精神蕴含着忠诚、担当、团结、奉献等价值观念，这些价值观念对于培养学生的个人成长和道德修养具有重要意义。弘扬石油精神，有助于学生树立正确的世界观、人生观和价值观，提高其道德品质和社会责任感；石油精神是石油工业的灵魂，为行业的发展提供了强大的精神动力。在教育体系中弘扬石油精神，可以为石油工业培养更多具有高素质、高技能的人才，推动行业的持续发展。

以石油精神引领石油工业教育体系可以通过以下措施：第一，将石油精神融入课程设置。在石油工业相关的课程中，应适当引入石油精神的内容，使学生在学习专业知识的同时，了解和传承石油精神。例如，开设石油工业发展史、石油精神与职业道德等课程。第二，加强实践教学与石油精神的结合。在实践教学中，教师应引导学生将石油精神融入实际操作中，培养学生的职业素养和道德品质。例如，通过组织学生参与模拟石油勘探、开采等活动，让学生亲身体验石油精神的内涵。第三，开展主题活动与讲座。定期组织以石油精神为主题的活动和讲座，邀请石油行业的优秀代表分享他们的故事和经验，激发学生对石油精神的认同和追求。第四，加强校企合作。通过校企合作，让学生有机会接触到真实的石油工业环境，了解行业对人才的需求，同时培养他们的职业素养和道德品质。第五，建立完善的评价体系。将石油精神纳入对学生的评价体系中，使其成为衡量学生综合素质的重要指标。这样可以促使学生在学习过程中更加注重对石油精神的传承与弘扬。

通过将石油精神融入课程设置、实践教学、主题活动、校企合作和评价体系等方面，可以培养出更多具有高素质、高技能的人才，为推动我国石油工业的持续发展提供有力的人才保障。

二、以石油精神引领石油文化建设

石油精神强调团结、奉献和共同发展，这种精神可以激发员工的归属感和使命感，使员工更加紧密地团结在一起，共同为企业的发展而努力。同时，石油精神对塑造企业形象也有积极作用。石油精神所蕴含的艰苦奋斗、开拓创新的精神，有助于塑造企业积极向上、勇往直前的形象，提高企业在市场上的知名度和美誉度。石油精神也能够引领企业发展方向。石油精神作为石油工业的灵魂，为企业提供了明确的发展方向和价值观。企业在文化建设中弘扬石油精神，可以确保企业在追求经济效益的同时，始终保持与社会、环境的和谐发展。

以石油精神引领企业文化建设可以通过以下方面进行。第一，深入挖掘石油精神的内涵。企业在文化建设中应深入挖掘石油精神的内涵，包括艰苦奋斗、开拓创新、团结协作等核心价值观，确保员工对石油精神有全面、准确的理解。第二，将石油精神融入企业文化活动中。通过开展各种企业文化活动，如主题演讲、文化节等，将石油精神融入其中，使员工在参与中感受石油精神的魅力。第三，树立榜样和典型。在员工中树立践行石油精神的榜样和典型，通过他们的先进事迹激励其他员工积极践行石油精神，推动企业文化的建设。第四，加强员工培训和教育。通过开展石油精神相关的培训和教育活动，提高员工对石油精神的认识和认同感，使员工自觉将其融入日常工作中。第五，营造良好的企业文化氛围。通过各种方式营造尊重石油精神、弘扬石油精神的文化氛围，使员工在潜移默化中受到影响，增强对企业的归属感和使命感。

通过深入挖掘石油精神的内涵，将其融入企业文化活动中，树立榜样和典型，加强员工培训和教育以及营造良好的文化氛围等措施，可以塑造独特的企业文化，增强企业的凝聚力和竞争力，推动企业的持续发展。

三、以石油精神推进石油企业发展

石油精神蕴含着艰苦奋斗、开拓创新的精神，有助于激发国有企业的活力和创造力，推动企业不断前进。同时，弘扬石油精神能增强企业凝聚力，石油精神强调团结协作、共同发展，有助于增强国有企业的凝聚力，使员工紧密团结在一起，共同为企业的发展而努力。不仅如此，弘扬石油精神所蕴含的核心价值观和职业素养，有助于提高国有企业的核心竞争力。此外，弘扬石油精神能够促进企业可持续发展。石油精神强调对资源、环境和社会责任的担当，有助于国有企业实现可持续发展，实现经济效益和社会效益的统一。

以石油精神推进国有企业发展可以通过以下七点措施着手开展：第一，深入挖掘石油精神的内涵。国有企业应深入挖掘石油精神的内涵，包括艰苦奋斗、开拓创新、团结协作等核心价值观，将其融入企业的核心价值观和企业文化中。第二，加强员工培训和教育。通过开展与石油精神相关的培训和教育活动，增强员工对石油精神的认识和认同，使员工自觉将其融入工作中。第三，营造良好的企业文化氛围。通过各种途径营造尊重石油精神、弘扬石油精神的文化氛围，使员工在潜移默化中受到影响，增强对企业的归属感和使命感。第四，发挥企业领导的示范作用。企业领导应成为践行石油精神的表率，以身作则，带领员工共同弘扬石油精神，推动企业的发展。第五，将石油精神融入企业战略和日常管理。将石油精神融入企业的战略规划和日常管理中，使其成为企业发展的重要支撑和动力源泉。例如，在制定企业发展目标时，应充分考虑石油精神的内涵，确保企业战略与石油精神相一致。第六，鼓励员工敢于创新和担当。在弘扬石油精神的过程中，应鼓励员工勇于创新、敢于担当。通过建立相应的激励机制，激发员工的创造力和责任感，推动企业的创新发展。第七，加强与社会各界的合作与交流。通过与社会各界的合作与交流，扩大石油精神的影响力，提高国有企业的社会形象和品牌价值。例如，可以与其他企业、高校和研究机构开展合作项目，共同推动行业的发展和进步。

通过深入挖掘石油精神的内涵，加强员工培训和教育，营造良好的文化氛围，发挥企业领导的示范作用，将石油精神融入企业战略和日常管理，鼓励员工敢于创新和担当以及加强与社会各界的合作与交流等措施，可以推动国有企业不断向前发展，为实现国家经济繁荣和社会进步做出更大的贡献。

第五章

新时代中国共产党领导石油工业现代化发展的思考

在中国共产党领导的百年奋斗历程中，石油工业现代化发展可谓成绩斐然。从最初对油田的勘探开发，到现代化炼油工艺的引进和创新发展，再到引领国际油气科技的发展；从最初一穷二白的石油工业基础，到四个历史时期不断的艰苦创业，再到全球产油大国重要地位的逐步确立，中国石油工业走过了一条波澜壮阔的发展之路。石油工业在中国共产党的坚强领导下，不断追求卓越，勇攀科技高峰，为国家能源安全和经济发展做出了重要贡献。当前，全球能源格局正在发生深刻变革，科技革命持续推进，深化改革进入关键时期，碳排放对全球气候产生影响，这为中国石油工业带来了新的发展机遇与挑战。对此，我们要立足于基本国情，把握新机遇，以问题为导向，梳理新时代推进石油工业现代化发展的基本准则，研究新时代加强石油工业现代化发展的路径选择。将问题和挑战转变成新时代加强石油工业现代化发展的强大动力不仅是对过去百年党史的庄严致敬，也彰显出对未来发展的坚定信心。

第一节 新时代石油工业现代化发展面临的挑战与对策

一、全球政治环境的不确定性

随着全球政治环境的不确定性因素的增加，中国石油工业作为国家经济发展的重要支柱，面临着前所未有的挑战。这些挑战不仅来自国内资源短缺、技术落后、环境治理等问题，还来自国际政治、经济等方面的复杂形势。

（一）全球政治环境的不确定性对石油工业的影响

首先，原油供应的不稳定性对石油工业的影响。全球政治环境的不确定性可能会导致原油供应的不稳定性，如中东地区的政治动荡、委内瑞拉的经济危机等，都可能影响全球原油市场的稳定供应。其次，贸易保护主义的抬头对石油工业的影响。随着全球贸易保护主义的抬头，石油工业面临的贸易环境也日趋复杂。美国对伊朗、委内瑞拉等国的制裁措施，可能会导致这些国家的石油出口受到限制，进而影响全球石油市场的供需平衡。最后，地缘政治风险对石油工业也会产生影响。中东、北非等地区的政治动荡和地缘政治风险，可能影响全球石油市场的稳定性和安全性。例如，中东地区的政治冲突可能会导致石油生产中断，进而影响全球石油供应。

（二）中国石油工业应对全球政治环境不确定性的措施

首先，加强多元化进口渠道建设。为了降低原油供应风险，中国石油工业需要加强多元化进口渠道建设，开拓多元化的原油进口来源地，避免对单一地区的过度依赖。其次，推动技术创新和产业升级。为了提高石油工业的核心竞争力，中国需要加强技术创新和产业升级，提高石油勘探、开发、炼化等方面的技术水平，降低生产成本，提高产品质量和市场竞争力。再次，加强环保监管和治理。为了应对环境问题，中国石油工业需要加强环保监管和治理，推进清洁能源和低碳经济的发展，降低石油生产对环境的负面影响。最后，推进国际化战略。为了应对国际政治、经济等方面的复杂形势，中国石油工业需要加强国际化战略，拓展海外市场和资源，提高国际化程度和竞争力。最后，加强安全管理和风险防范。为了保障石油生产和运输的安全性，中国石油工业需要加强安全管理和风险防范措施的制定和实施，建立健全的风险评估和防范机制。

二、新科技革命的历史性交汇

党的二十大报告提出："当前，世界百年未有之大变局加速演进，新一轮科技革命和产业变革深入发展，国际力量对比深刻调整，我国发展面临新的战略机遇。"推进石油工业现代化，必须客观充分地把握新科技革命带来的历史机遇，将其最大程度地转化为石油工业发展的优势条件。新一轮科技革命和产业变革进入应用拓展期，我国石油工业的产业升级与之形成历史性的交汇。

（一）新科技革命与石油工业融合的挑战

首先，在技术瓶颈方面，数字技术与石油工业的融合需要突破一系列技术瓶颈，如数据采集、传输、处理和分析等方面的问题。目前，石油工业在数据采集和处理方面还存在一定的难度，需要加强技术研发和创新。其次，在信息安全方面，数字技术的运用涉及大量数据的采集、传输和存储，这给石油工业带来了严峻的信息安全挑战。如何保障数据的安全性和隐私性，避免信息泄露和被攻击，是数字技术在与石油工业融合中需要重点关注的问题。再次，在人才短缺方面，数字技术与石油工业的融合需要具备相关技术背景和行业知识的复合型人才。然而，目前石油工业领域的人才结构相对单一，缺乏具备数字技术背景和石油专业技术背景的复合型人才，这在一定程度上也制约了数字技术与石油工业的深度融合。最后，在行业标准和规范缺失方面。目前，数字技术与石油工业的融合还缺乏统一的行业标准和规范，这给技术的研发和应用带来了很大的不便。因此，建立和完善相关行业标准和规范，是推动数字技术与石油工业融合的重要前提。

（二）数字技术与石油工业融合的对策

首先，在技术瓶颈方面，我们应该加大科研投入，加强技术研发和创新。通过深化产学研合作，吸引更多的优秀人才参与石油工业的技术研发，推动数据采集、传输、处理和分析技术的突破。再次，加强与国内外先进企业的交流与合作，引进先进的技术和设备，提升我国石油工业的技术水平。其次，在信息安全方面，我们需要建立完善的信息安全体系，加强数据保护和隐私安全。通过制定严格的数据管理制度和技术防护措施，确保数据在采集、传输和存储过程中的安全性和隐私性。再次，加强对从业人员的培训和教育，增强他们的信息安全意识和技能水平，共同维护石油工业的信息安全。接着，在人才短缺方面，我们应该注重人才培养和引进。通过优化人才培养机制，鼓励高校和企业加强合作，培养具备数字技术背景和石油专业技术背景的复合型人才。同时，加大人才引进力度，吸引国内外优秀人才加入石油工业领域，为数字技术与石油工业的融合提供强有力的人才支撑。此外，在行业标准和规范缺失方面，我们需要加强行业标准和规范的制定工作。通过组织专家进行深入研究和讨论，建立符合我国石油工业实际的行业标准和规范，为数字技术与石油工业的融合提供有力的制度保障。同时，加强行业监管和评估，确保相关标准和规范的贯彻实施，推动石油工业的健康发展。

三、深化改革进入关键时期

在新时代背景下，深化改革已经成为中国石油工业现代化发展的关键，这既是一个巨大的挑战，也是一个难得的机遇。

（一）深化改革面临的挑战

首先，产业结构调整方面的挑战。石油工业是一个资本密集、技术密集的传统产业，产业结构单一，对资源的依赖性较大。深化改革需要加快推进产业结构调整，优化资源配置，提高产业附加值，降低对资源的依赖。然而，这一过程面临着诸多困难和挑战，需要克服一系列技术和市场难题。其次，科技创新方面的挑战。科技创新是推动石油工业现代化发展的关键动力。然而，目前中国石油工业在科技创新方面还存在一定的短板和不足，如技术研发能力不足、科技成果转化率不高等问题。深化改革需要加强科技创新，提高自主创新能力，掌握核心技术和知识产权。再次，环保方面的挑战。随着全球环保意识的日益增强，石油工业作为高耗能、高污染的行业之一，面临着越来越大的环保压力。深化改革需要加强环保监管和治理，推进清洁能源和低碳经济的发展，降低生产过程中的环境污染和排放。最后，市场竞争方面的挑战。国际石油市场竞争日趋激烈，中国石油企业在国际市场上面临着来自发达国家石油企业的巨大压力。深化改革需要加强市场开拓和品牌建设，提高产品质量和服务水平，增强国际竞争力。

（二）深化改革的对策

首先，要加大政策支持力度。政府应加大对石油工业的政策支持力度，如制定更加优惠的税收政策、资金扶持政策等，鼓励企业加大技术研发和创新投入。同时，应建立健全的行业标准和规范体系，加强行业监管和管理，推动产业结构调整和优化升级。其次，加强科技创新。企业应加强科技创新，提高自主创新能力，掌握核心技术和知识产权。比如，通过与高校、科研机构等进行合作，加强产学研用合作，推动科技成果转化和应用。同时，应积极参与国际技术交流和合作，引进先进技术和管理经验，继而提升国际竞争力。再次，推进绿色发展。企业应加强环保监管和治理，推进清洁能源和低碳经济的发展。比如，通过采用新技术、新工艺和新设备等手段，降低生产过程中的环境污染和排放。同时，应积极开展环保公益活动，提高企业社会责任感和树立良好的企业形象。最后，提高市场竞争力。企业应加强市场开拓和品牌建设，提高产品质量和服务水平。比如，通过加强市场营销和品牌宣传等手段，提高品牌知名度和美誉度。同时，也积极参与国际市场竞争，提高国际竞争力。此外，还要加强人才培养。企业应加强人才培养和引进工作，建立完善的人才激励机制和管理体系。通过培养和引进高素质人才和技术专家等手段，提高企业人才队伍的整体素质和能力水平。同时，应积极开展员工培训和教育活动，提高员工技能水平和综合素质。

四、碳排放对全球气候的影响

随着全球气候变化问题日益严重，碳排放成为全球关注的焦点。石油工业作为全球碳排放的主要来源之一，其现代化发展面临着巨大的挑战。在新时代背景下，中国石油工业需要积极应对碳排放对全球气候的影响，采取有效措施推进绿色低碳发展。

（一）碳排放对全球气候的影响

碳排放对全球气候的影响是多方面的。首先，碳排放导致气候的极端变化。碳排放是导致全球气候变暖的主要原因之一，过量的碳排放会导致温室气体浓度增加，引发全球气候变暖、极端天气、海平面上升等一系列气候变化问题。这些气候变化问题为人类的生存和发展带来了巨大的威胁。其次，碳排放导致生态系统方面的破坏。过量的碳排放不仅会导致全球气候变暖，还会对生态系统造成破坏。生态系统是维持人类生存和发展的重要基础，而碳排放对生态系统的破坏将直接影响到人类的生存和发展。最后，碳排放导致资源方面的枯竭。石油工业的碳排放主要来源于化石燃料的燃烧。随着全球能源需求的不断增加，化石燃料资源逐渐枯竭，这将对石油工业的可持续发展带来巨大的挑战。同时，化石燃料的开采和使用也对生态环境造成了严重的破坏。

（二）应对碳排放的对策

其一，推进绿色低碳发展。石油工业应积极推进绿色低碳发展，加强节能减排和清洁能源的开发利用。通过采用新技术、新工艺和新设备等手段，降低生产过程中的碳排放，提高能源利用效率。同时，积极推广清洁能源，如太阳能、风能等，减少对化石燃料的依赖。其二，加强国际合作。应对气候变化是全球性的问题，需要各国共同努力。中国石油工业应加强与国际石油公司、研究机构等的合作，共同研发低碳技术和清洁能源，共同应对气候变化挑战。同时，应积极参与国际气候治理和谈判，推动建立公平合理的全球气候治理体系。其三，强化政策法规。政府应加强对石油工业的监管和管理，制定更加严格的节能减排和环保法规标准，强化企业环保责任和义务。同时，应加大对石油企业的政策扶持力度，鼓励企业积极开展节能减排和清洁能源的研发和应用。其四，加强科技创新。科技创新是应对气候变化的关键。中国石油工业应加强科技创新，研发更加高效、环保的石油勘探、开采和加工技术，提高能源利用效率，降低生产过程中的碳排放。同时，应积极探索新的能源利用模式和技术创新，推动能源结构的转型升级。其五，增强公众意识。应对气候变化需要全社会的共同参与和努力。中国石油工业应加强公众宣传和教育，提高公众对气候变化的认识和意识，引导公众形成绿色低碳的生活方式和消费习惯。同时，企业应积极履行社会责任，参与公益事业和环保活动，提升企业形象和影响力。

应对碳排放对全球气候的影响是中国石油工业现代化发展面临的重大挑战和机遇。中国石油工业应积极应对挑战，采取有效措施推进绿色低碳发展，加强国际合作，强化政策法规，加强科技创新和增强公众意识等来应对气候变化挑战。同时，企业应积极履行社会责任，参与公益事业和环保活动，为推动全球绿色发展和应对气候变化做出贡献。

第二节　新时代推进石油工业现代化发展的基本准则

中国共产党领导石油工业发展的理论逻辑、历史逻辑和实践逻辑共同决定了新时代推进石油工业现代化的战略方向与重点。进入新时代，石油工业要坚持党的领导，辩证把握"三个逻辑"，深刻领会新时代的战略要求，科学、系统地谋划中国石油工业现代化发展的总体战略。

一、坚持和加强党的全面领导

始终坚持党的领导是中国石油工业蓬勃发展的坚实政治保障。坚持党对中国石油工业现代化的集中统一领导，是中国石油工业百年奋斗历程的深刻总结，是坚持和发展中国特色社会主义的必由之路，体现了"三个逻辑"的统一。

首先，党的领导为中国石油工业的发展提供了坚强的政治保障。我们党始终坚守初心使命，以科学方法推动石油工业现代化发展，带领国家由贫油国迈向产油大国，探索出了一条具有中国特色的石油工业现代化道路。这一过程中，党的领导确保了各项政策的贯彻落实，为中国石油工业的快速发展提供了根本保障。

其次，党的领导是推动石油工业持续发展和实现共同富裕的重要保障。在党的领导下，我国建立了独立完整的石油工业体系，推动了社会的发展，已经全面实现了小康社会。石油工业的发展不仅为国家经济发展提供了有力支撑，也为全体人民共同富裕奠定了物质基础。

党的领导确保了石油工业发展成果惠及全体人民,促进了社会的公平与和谐。

最后,党的领导是应对百年未有之大变局,加快构建新发展格局的关键所在。面对复杂多变的国际形势和不稳定、不确定的外部挑战,加强党对石油工业发展的领导显得尤为重要。只有在党的领导下,才能统筹发展和安全,有效防范和应对各种风险挑战,确保石油工业在复杂多变的国际环境中保持稳定发展。

进入新时代,更要深刻认识到党的领导在石油工业发展中的重要性,用好"党的领导"这一制胜法宝。要全面加强党的领导,确保石油工业现代化建设的正确方向。同时,要深入学习贯彻习近平新时代中国特色社会主义思想,以党的创新理论为指导,推动石油工业现代化发展。此外,还要深入学习贯彻习近平经济思想,深学细悟习近平总书记关于制造强国战略和网络强国的重要论述,为实现石油工业现代化提供有力支撑。

二、坚持普遍性和特殊性相统一

在新时代推进石油工业现代化过程中,既要遵循经济发展的一般规律,又要体现我国石油工业发展的特色化需求,达到普遍性和特殊性的统一。深入理解和遵循经济发展的一般规律,就意味着要时刻保持与全球石油工业发展同步的节奏,密切关注国际油价变动背后的多重因素,以及全球石油产业结构调整和创新的发展趋势。通过系统分析和研究,更好地把握全球石油市场的脉搏,从而为我国石油工业现代化发展提供有力的指导。

一方面,要吸收各国推进石油工业现代化的典型经验和共性规律,把握石油工业现代化的普遍规律。世界石油工业现代化发展规律主要包括技术进步、先进制造模式、政府的制度推动、石油政策的推行以及人才教育等方面。这些规律相互作用、相互促进，推动着世界石油工业不断向前发展。未来，随着科技的不断进步和市场需求的不断变化，世界石油工业的发展将面临更多的机遇和挑战。只有顺应规律，不断创新和进取，才能在全球能源市场的竞争中获得发展优势。

另一方面，要立足于新时代，结合国情实际，探索形成适合我国发展的石油工业现代化发展道路和模式。一是要深入分析和研究我国石油工业的发展现状和趋势，准确把握国内石油市场的需求和变化。二是要加强自主创新，突破核心技术瓶颈，提高石油勘探、开采、加工等环节的效率和效益。三是要注重环境保护和绿色发展，推动石油工业与生态环境和谐共生。四是要以高质量发展为目标，加强产业协同和创新合作，构建现代石油工业体系。五是要优化产业布局，推动石油工业向产业链、价值链高端跃升。此外，还要加强人才培养和科技创新，为我国石油工业现代化发展提供坚实支撑。在新时代的征程中，为推进我国石油工业现代化，我们必须遵循石油工业现代化发展的一般规律，同时积极借鉴欧美国家的成功经验。然而，我们不能简单复制其发展模式，而应紧密结合我国石油工业发展的实际情况，以习近平新时代中国特色社会主义思想为指导，开创一条独具中国特色的石油工业现代化道路。在此过程中，我们要严格遵守经济发展的一般规律，深入贯彻落实国家工业发展的战略要求，以高度的责任感和使命感，推动石油工业在创新、协调、绿色、开放、共享的新发展理念下不断取得新的突破和进步。

三、坚持继承性和创新性相结合

在新时代推进石油工业现代化的征程中，我们必须坚持继承性与创新性相结合的原则。这意味着我们既要汲取不同历史时期的经验智慧，保持对先进思想和方法的战略定力，又要不断适应当前石油工业发展的阶段性特征和外部环境的变化，持续探索创新，保持改革创新的活力和动力。

一方面，坚持继承性是我们推进石油工业现代化的基石。我国的石油工业发展历经了漫长而曲折的历程，积累了宝贵的经验。这些经验不仅包括科技创新、资源配置、市场运作等方面，更涵盖了行业精神、企业文化、人才培养等深层次的内容。发展是建立在持续探索基础之上的，技术在变化，环境在变化，石油工业自身也在变化，推进石油工业现代化不能故步自封，必须保持改革创新的活力和动力，这也是我国石油工业现代化的宝贵历史经验之一。例如，新中国成立以来，我国石油工业始终坚持自力更生、艰苦奋斗的精神，通过自主创新和技术引进相结合，不断提高石油勘探、开发和利用的技术水平。这种精神是我们今天推进石油工业现代化的重要支撑和动力源泉。

另一方面，坚持创新性是我们推进石油工业现代化的活力源泉。在新时代，我国石油工业面临着国内外环境的深刻变化和市场竞争的日益激烈。这就要求我们在继承的基础上，不断创新、不断探索，以适应新的形势和挑战。我们要在理论和实践上坚持探索突破，不断推动石油工业在技术创新、管理创新、市场创新等方面取得新的突破。例如，新中国成立之后，针对当时重石油工业基础薄弱等局面，我国提出战略东移，成功发展了大庆油田，从而摆脱了"贫油国"的帽子；

改革开放之后，为推进社会经济建设，以海洋石油为改革先导，开拓了我国对外开放的大门；党的十八大以来，为改变以往的发展模式，取得更好的结果，我国提出高质量的发展目标。新时代，我国又结合时代要求，提出高质量的发展目标。创新并不意味着完全摒弃过去，而是在继承的基础上进行创新。在总结历史经验的基础上，结合当前的实际情况，不断探索适合我国石油工业发展的新路径、新模式。这既是对历史的尊重，也是对未来的负责。在新时代推进石油工业现代化的过程中，必须坚持继承性与创新性相结合的原则。既要充分吸收历史经验，保持对先进思想和方法的战略定力，又要不断适应时代变化，持续探索创新，保持改革创新的活力和动力，形成新的指导与智慧。

四、坚持中国化和时代化相结合

习近平新时代中国特色社会主义思想是中华文化和中国精神的时代精华，是马克思主义中国化时代化的集中体现。在推进石油工业现代化的过程中，我们要始终坚持中国化和时代化相融合。

一方面，在推进石油工业现代化建设中，要始终立足于我国当前及未来发展的战略目标，体现中国化。党的二十大报告指出："从现在起，中国共产党的中心任务就是团结带领全国各族人民全面建成社会主义现代化强国、实现第二个百年奋斗目标，以中国式现代化全面推进中华民族伟大复兴。"而推进石油工业现代化的目标任务及各种战略安排，都必须服务于这个大局。这一目标的实现，离不开石油工业现代化的建设。因此，我们要在石油工业现代化建设中，充分体现中国特色，坚持自主创新，提高核心竞争力，为实现国家战略目标提供坚实的物质保障。

另一方面，在推进石油工业现代化建设中，我们要重视充分对接新时代的特征需求，体现时代化。当今世界正处于百年未有之大变局，科技革命和产业变革正在深入发展，全球治理体系和国际秩序正在深刻重塑。时代要求石油工业要在"新时代大变局"中把握现代化大方向，积极拥抱新技术、新业态、新模式，推动数字化转型、智能化升级，实现绿色、低碳和可持续发展。在推进石油工业现代化的过程中，要始终坚持中国化和时代化相融合。

第三节　新时代加强石油工业现代化发展的路径选择

新时代推进石油工业现代化要以习近平新时代中国特色社会主义思想为指导，全面贯彻落实党的二十大精神，坚定不移走好中国式现代化道路，坚持稳中求进总基调，完整、准确、全面贯彻新发展理念，加快构建新发展格局，着力推动高质量发展，扛牢"保障国家能源安全"的核心职责，为全面建设社会主义现代化国家提供有力支撑。

一、坚持党的领导，走高质量发展的石油工业现代化之路

新时代加强石油工业现代化发展，不仅是党和国家的重要战略任务，更是保障国家能源安全、推动经济发展的关键举措。在这一过程中，坚持党的领导是确保石油工业现代化正确方向、高效推进高质量发展的根本保证。

首先，党的领导为石油工业现代化提供了坚实的政治保障。石油

工业作为国家能源战略的重要支柱，其发展和运行涉及国家的经济命脉和战略安全。因此，在石油工业现代化的全过程中，必须始终坚持党的全面领导，确保石油工业的发展始终沿着正确的政治方向前进。这不仅是政治原则，更是推动石油工业现代化发展的根本要求。只有在党的领导下，石油工业才能始终保持高度的政治觉悟和战略定力，有效应对各种风险和挑战，确保国家能源安全和经济稳定。

其次，党的领导为石油工业现代化提供了科学的指导。党中央、国务院高度重视石油工业的发展，制定了一系列方针政策，为石油工业的现代化提供了科学指导。这些方针政策紧密结合国家发展战略和市场需求，注重科技创新和绿色发展，为石油工业的发展指明了方向。只有紧紧依靠党的领导，石油工业才能紧跟时代步伐，实现高效、绿色、可持续发展，为国家经济发展做出更大贡献。

再次，党的领导为加强石油工业监管和管理提供了有力保障。石油工业涉及国家安全、民生福祉等多个方面，必须加强监管和管理，确保行业的健康发展。党的领导要求石油工业始终遵循国家法律法规和行业标准，加强安全生产和环境保护工作，切实保障人民群众的生命财产安全。通过党的领导，可以建立健全监管体系，强化责任落实，提高石油工业的管理水平和综合竞争力。

最后，党的领导为石油工业国际合作与交流提供了有力支持。在全球化的背景下，石油工业的国际合作与交流日益密切。党的领导能够推动石油工业积极参与国际竞争与合作，引进先进技术和管理经验，提升国际竞争力。通过党的领导，可以加强与国际石油工业界的沟通与协作，推动石油工业的国际化进程，为国家经济发展和国际地位提升贡献力量。

坚持党的领导是加强石油工业现代化的必然选择。在党和国家的坚强领导下，石油工业必将实现更加高效、绿色、可持续的发展，为国家经济发展和能源安全做出更新、更大的贡献。同时，党的领导也将为石油工业的未来发展注入强大的动力和活力，推动石油工业现代化不断迈向新的高峰。

二、坚持自信自立，走安全高效的石油工业现代化之路

习近平总书记在党的二十大报告中提出："完善科技创新体系。坚持创新在我国现代化建设全局中的核心地位。"石油工业作为重要的实体经济领域，在推动国家现代化进程中扮演着举足轻重的角色。在新时代背景下，走好安全高效的石油工业现代化之路，需要坚持自信自立的原则。

第一，坚定自信，强化自主创新意识。石油工业要坚定发展自信，这种自信来源于对自身技术实力、资源禀赋和市场潜力的深刻认识。因此，要摒弃依赖外部力量的思维定式，树立自主创新的意识，勇于挑战传统技术和模式，敢于探索未知领域。同时，要激发全社会创新热情，培养一支具备高度自主创新能力的科研队伍，为石油工业的现代化发展提供源源不断的动力。所以，必须加大对科研机构和企业的支持力度，提高研发投入，加快科技成果转化和应用。要加强产学研深度融合，促进科技、教育和产业的有机结合，为石油工业的自主创新提供坚实支撑。

第二，立足自身，加强自主研发能力。石油工业的发展必须立足于国内，充分利用本土资源和市场优势。加大自主研发力度，提升核心技术水平和创新能力，实现石油工业的自主可控和可持续发展。这

要求建立完善的科研体系和创新机制，加强科研队伍建设，吸引和留住高端人才。同时，要加强与国内外高校、科研机构的合作，共同开展前沿技术研究，推动石油工业的技术进步和产业升级。

第三，自力更生，推动产业升级。石油工业要坚持自力更生，通过自身努力推动产业升级和结构调整。要以市场需求为导向，优化产业链布局，提升产业链整体竞争力和可持续发展能力。同时，要大力发展高端装备制造和智能制造等新兴产业，推动石油工业向高端化、智能化、绿色化方向发展。这要求加强产业链上下游企业的协同合作，推动产业链的整合和优化。同时，要加强对新兴产业的培育和支持，为石油工业的产业升级提供有力支撑。

第四，深化国际合作，实现互利共赢。在坚定自信自立的同时，石油工业也要积极融入全球创新网络，深化与国际先进企业的交流与合作。要学习借鉴国际先进经验和技术，引进国外优质资源，为自身的创新发展注入新的活力。同时，要加强国际竞争合作，共同应对全球性挑战，推动石油工业的可持续发展。通过参与国际合作和竞争，不仅可以提升自身创新能力和竞争力，还可以为全球石油工业的可持续发展贡献中国智慧和中国方案。

总之，坚定自信自立是新时代加强石油工业现代化发展的核心原则。石油工业要坚定自信、强化自主创新意识、加强自主研发能力、自力更生推动产业升级、深化国际合作实现互利共赢。只有这样，才能在新时代的浪潮中勇立潮头，迈向全球创新前沿，为国家的经济安全、能源安全和国防安全做出更大贡献。

三、坚持守正创新，走自立自强的石油工业现代化之路

在攻克石油工业核心技术这一重大使命中，坚持守正创新不仅是我们的原则，更是推动行业进步的核心动力。守正，意味着我们始终坚守石油工业的传统智慧、严谨标准和安全准则，确保每一项技术研发都稳健可靠，符合行业规范。创新，则意味着我们在传承的基础上，不断探索新技术、新方法，勇于突破传统束缚，引领石油工业迈向更高的发展阶段。

为了深入贯彻守正创新的原则，我们首先要对石油工业的现状和未来发展趋势有清晰的认识。通过深入研究全球石油市场的动态变化、技术创新的热点领域以及行业发展的痛点问题，我们能够准确把握技术创新的方向和目标，确保研发工作始终沿着正确的轨道前进。

同时，我们要重视和加强基础研究和应用基础研究。石油工业作为一个高度复杂的系统工程，其核心技术涉及众多学科领域的交叉融合。通过深入研究石油勘探、开采、加工等过程中的基本原理和关键技术，我们可以为创新提供坚实的理论基础和技术支撑。另外，加强应用基础研究，将基础研究成果转化为实际应用，是推动技术创新的重要手段。只有不断提升科研水平和创新能力，我们才能在激烈的市场竞争中占据优势地位。

在坚持守正创新的过程中，技术研发和人才培养是不可或缺的两个环节。我们要加大对技术研发的投入力度，鼓励创新团队开展跨学科、跨领域的合作与交流，共同攻克技术难题。同时，我们要注重培养一批具有创新思维和实践能力的科研人才，为创新提供源源不断的人才支持。通过建立完善的激励机制和合作平台，我们可以激发科研

人员的创新潜力，推动石油工业核心技术的持续发展。

此外，加强国际交流与合作也是坚持守正创新的重要途径。在全球化的背景下，国际的科技合作与交流已经成为推动技术创新的重要手段。通过与国际先进企业和研究机构的合作，我们可以共享资源、技术和经验，加速创新进程。同时，积极参与国际竞争，不断提升我国石油工业核心技术的国际竞争力，有助于我们在全球市场中占据更有利的位置。

坚持守正创新是攻克石油工业核心技术的关键所在。通过深入了解行业现状和技术趋势，强化基础研究和应用基础研究，注重技术研发和人才培养以及加强国际交流与合作等多方面的努力，我们可以推动石油工业核心技术的持续进步与发展。

四、坚持深化改革，走科学治理的石油工业现代化之路

坚持深化改革时，要始终坚持问题导向原则，不断推动石油工业迈向更高发展水平。

第一，深入洞察，精准识别核心问题。要深刻认识到，石油工业作为国民经济的支柱产业，其深化改革不仅关乎行业自身的发展，更关乎国家能源安全和经济发展大局。因此，在推进改革的过程中，我们必须保持清醒的头脑，以敏锐的洞察力深入剖析石油工业存在的核心问题。这些问题可能包括资源利用效率不高、技术创新滞后、环境保护压力大、国内外市场竞争加剧等。我们要以科学的态度和方法，对这些问题进行深入的分析和研究，找准问题的症结所在，为后续的改革工作奠定坚实的基础。

第二，因症施策，制定切实可行的改革方案。针对识别出的核心

问题，我们要以问题为导向，制定切实可行的改革方案。这些方案要具有明确的目标导向、可操作性强、可量化评估等特点。我们要注重改革方案的系统性和协调性，确保各项改革措施能够相互促进、相得益彰。同时，我们还要充分考虑改革的时序性和可行性，分阶段、有步骤地推进各项改革工作，确保改革的顺利进行。

第三，强化执行，确保改革措施落地生根。改革方案的制定只是万里长征的第一步，真正的考验在于改革措施的执行和落地。我们要建立健全以问题为导向的决策机制，确保决策的科学性和有效性。同时，我们还要加强改革执行过程的监督和评估，及时发现和解决问题，确保改革措施得到有效落实。此外，我们还要建立健全激励机制和容错纠错机制，鼓励和支持广大干部职工积极参与改革，勇于创新实践，为改革的深入推进提供强大的动力支持。

第四，加强协同，形成改革合力。石油工业深化改革涉及多个领域和部门，需要各方面的协同合作。我们要坚持以问题为导向的协同合作原则，加强政府、企业、科研机构和社会组织等各方面的沟通与协调，共同推动石油工业的健康发展。同时，我们还要充分发挥市场的决定性作用和更好发挥政府作用，推动石油工业供给侧结构性改革，提高资源配置效率和产业竞争力。

第五，创新驱动，破解发展难题。创新是引领发展的第一动力，也是破解石油工业发展难题的关键所在。我们要坚持问题导向的创新原则，针对核心问题加强技术研发和模式创新。通过技术创新提升资源利用效率，降低生产成本，增强环保能力；通过模式创新优化产业链布局，提高市场竞争力，拓展新的发展空间。同时，我们还要建立健全创新体系和激励机制，为创新提供强大的制度保障和人才支持。

坚持问题导向原则是推进石油工业深化改革的关键所在。我们要深入洞察核心问题，因症施策制定改革方案，强化执行确保落地生根，加强协同形成合力，以创新驱动破解难题。

五、坚持系统观念，走绿色发展的石油工业现代化之路

系统观念强调全面、协调、可持续发展，确保经济效益、社会效益和环境效益的平衡。在统筹智能绿色的石油工业现代化过程中，要坚持系统观念这一原则方法。

第一，要加强顶层设计，完善政策体系。为了引导石油工业走向绿色发展，我们需要制定全面而具有前瞻性的长期发展规划。这一规划不仅要明确短期目标，还要展望长期发展，确保石油工业在经济、环境和社会三个方面都取得进步。在政策引导方面，我们需要通过一系列激励措施，如税收优惠、财政补贴和绿色金融等，鼓励石油企业加大绿色技术研发和应用力度。这些政策应该具有针对性和灵活性，以适应不同企业和不同地区的实际情况。同时，我们还需要建立健全石油工业绿色发展相关的法律法规体系，为绿色发展提供坚实的法律保障。

第二，推动技术创新，提升绿色发展水平。技术创新是推动石油工业绿色发展的关键。我们需要鼓励石油企业增加研发投入，不断推动绿色技术的创新和应用。这包括提高资源利用效率、降低生产成本、减少废弃物排放等方面的技术。同时，我们还应该促进产学研合作，加强企业与高校、研究机构之间的紧密联系。通过合作研发、人才培养和技术转让等方式，加速绿色技术的转化和应用。此外，我们还应该积极推广先进的节能减排、资源循环利用等技术，提高整个石油工

业的绿色发展水平。

第三，优化产业结构，实现绿色发展转型。优化产业结构是实现石油工业绿色发展转型的重要途径。我们需要通过兼并重组、淘汰落后产能等方式，优化石油工业产业结构，提高产业集中度和竞争力。这不仅可以降低能源消耗和减少污染物排放，还可以提高资源利用效率和企业经济效益。同时，我们还应该发展循环经济，推动石油企业实现资源循环利用。这包括废弃物的回收和处理、废水的治理和再利用等方面。通过发展循环经济，我们可以降低对环境的压力，实现可持续发展。此外，我们还应该拓展绿色产业链，加强与其他产业的协作，发展绿色产品和服务，提高石油工业的绿色附加值。

第四，加强国际合作，推动绿色发展全球化。在推动石油工业绿色发展的过程中，国际合作发挥着重要作用。我们需要积极参与国际石油工业绿色发展交流与合作，学习借鉴国际先进经验和技术。通过参加国际会议、开展合作项目等方式，我们可以了解全球石油工业绿色发展的最新趋势和最佳实践。同时，我们还应该共享绿色发展技术和经验，促进全球石油工业的可持续发展。这包括向其他国家推广先进的绿色技术、分享管理经验和提供资金支持等方面。通过加强国际合作，我们可以共同应对全球气候变化、能源安全等挑战，推动全球石油工业绿色发展进程。

第五，强化企业社会责任，促进可持续发展。石油企业在推动绿色发展的过程中，需要积极履行社会责任。这包括增强环保意识、关注社区发展和公开透明运营等方面。我们需要加强石油企业环保意识教育，引导企业自觉履行环保责任，实现绿色生产。同时，我们还应该积极参与社区建设和发展，为当地居民提供清洁能源和环保服务，促进社区可持续发展。此外，公开透明运营也是企业社会责任的重要体现。我们需要加强企业信息公开和透明度，接受社会监督，提高企业在绿色发展方面的信誉度和公信力。

坚持系统观念是推动石油工业绿色发展的关键。通过加强顶层设计、推动技术创新、优化产业结构、加强国际合作和强化企业社会责任等多方面的努力，我们可以实现石油工业的绿色发展，促进经济、社会和环境的协调发展。这将对全球能源转型和可持续发展产生深远的影响。

六、坚持精神引领，走爱国奉献的石油工业现代化之路

石油精神是指引中国石油工业拼搏奋进的精神航标。新时代坚持石油精神引领，弘扬石油精神和传统，就要深入挖掘时代内涵，不断拓展其外延，赋予新的生命力，以石油精神引领，走爱国奉献的石油工业现代化之路。

第一，要继承发扬真挚赤诚的家国情怀。石油工业肩负着服务国家战略的重要使命，要始终以石油报国为己任，坚定不移地承担起推动我国石油工业现代化发展、保障国家能源安全的重大责任。致力于成为党和人民可以信赖和依靠的"大国重器"，确保国家能源安全。要始终牢记习近平总书记关于"端牢能源饭碗"的重要指示精神，全面贯彻落实"四个革命、一个合作"的能源安全战略，积极提高油气核心需求的自保能力，在推动能源革命、建设能源强国的进程中发挥积极作用。围绕高质量发展的要求，要加大油气勘探开发力度，加强与国际能源合作，同时稳步拓展光伏、风电、地热等清洁能源业务，构建清洁低碳、安全高效的现代化能源体系。在绿色发展方面，要积极

实施减污降碳协同增效策略，科学制定减排目标和路径，加快绿色低碳技术的研发和应用，持续优化产业结构和能源结构，深入推进污染防治攻坚战，培育绿色低碳循环发展的产业体系。石油工业要始终坚持"以人民为中心"的重要思想，认真履行社会责任，实施助力乡村振兴战略，打造产业帮扶、教育帮扶、消费帮扶三大品牌，拓展新的产业领域，为国家重大活动、急难险重任务、基本民生保障和社会公益事业奉献出石油人的一份力量。

第二，要继承发扬求真务实的科学态度。石油工业是一个知识密集型产业，涉及科学的勘探理论、开发技术，高精度的装置装备，以及复杂的工艺流程。为了进行有效管理，石油行业还采用了上下游一体化的运行模式。石油行业的从业者必须以实事求是的态度，秉持求真务实的科学精神，从事技术、管理和操作等各个环节的工作，从而创造出经得起实践检验的工作成果。面对新时代的挑战和使命，石油工业要在担当国家战略科技力量上再立新功、再创佳绩，不断取得新的成就。这就要求石油人积极传承和弘扬求真务实的科学态度，继续发扬大庆精神、铁人精神和石油精神。此外，石油工业还应立足于国家需求、自身发展以及实际生产需求，推出一系列重大改革措施，构建国家级的科技创新平台，攻克关键核心技术难题，实施突破性的基础研究。同时，也要加快培养战略科学家、科技领军人才和一流的创新团队，以求真务实的态度推动科技自立自强，实现高水平发展。

第三，要继承发扬精细严谨的优秀品格。石油工业自诞生之初，便有着"三老四严"的基因，始终展现出精细严谨的管理风格。长期以来，中国石油工业的三大企业深入学习借鉴国际先进的企业管理经验，紧密结合石油行业的独特生产和管理实际，全面加强以岗位责任制为基础的生产管理，以全面质量管理为核心的产品管理，以科学严谨为导向的设备流程管理，以"三基"工作为重点的基础管理。在此过程中，培育形成了"三老四严""四个一样""严从细中来，实在严中求""宁要一个过得硬，不要九十九个过得去"等精细严谨的优秀品格。在石油工业的现代化进程中，始终坚持高标准、严要求，致力于生产的精益求精、经营的精打细算、管理的精雕细刻以及技术的精益求精。鉴于石油工业属于高温高压、易燃易爆的危险行业，需始终坚守"安全第一，预防为主"的工作方针，构建全方位、全过程、全覆盖、全天候的安全生产监督管理体系，明确各级安全生产责任。紧盯重点装置和要害部位的安全管理，强化生产施工现场的安全监督，坚决确保安全生产形势的总体平稳。面对新时代的新要求和新挑战，必须清醒地认识到石油工业所处的历史方位和发展阶段，采取有力措施，大力推进从严管理、精细管理、精益管理，不断提升管理软实力。我们必须全面贯彻落实"两个一以贯之"的重要指示精神，深化改革创新，强化管理提升，在完善企业治理中加强党的领导。此外，还要继续深入推进三项制度改革，加快完善市场化经营机制，夯实"三基"工作基础，努力构建符合时代特征、体现央企特点、彰显石油特色的现代化管理体系。

第四，要继承发扬苦干实干的工作作风。在中国共产党的坚强领导下，中国石油工业历经了从小到大、由弱变强的辉煌历程，面对种种挑战与困难，始终秉持苦干实干、奉献奋进的拼搏精神和坚韧不拔的毅力，不断跨越前进道路上的各种难关。这种实干精神，无论在过去、现在还是未来，都是支撑石油工业攻坚克难、持续前行的核心动力。面对新时代的"牢记嘱托，再立新功、再创佳绩"的崇高使命，我们更要深入传承和弘扬石油精神，激发广大石油工作者的创业热情，为实现新时代的伟大目标贡献力量。当前及今后一段时期，中国石油工业正处于高质量发展的关键阶段，面临着能源安全、产业变革、绿色转型和自主创新等多重考验。作为新时代的答卷人，全体石油人必须大力弘扬奉献奋进的实干精神，以习近平新时代中国特色社会主义思想为指导，深入贯彻落实习近平总书记视察胜利油田的重要指示精神。要以更加坚定的奉献精神、更加积极的奋进姿态，担当起历史赋予我们的使命，保持昂扬向上、奋发有为的精神状态，迎难而上、攻坚克难，不断推动思想解放、改革深化和工作落实。要紧密团结、努力工作，确保各项决策部署得到有效执行，坚定不移地走出一条符合中国国情的石油工业高质量发展之路。

结　语

本书深入系统地回答了中国共产党"为什么发展石油工业，发展什么样的石油工业、怎样发展石油工业"这一基本问题，全面呈现了在迈向社会主义现代化强国的历史征程中，石油工业现代化如何在中国共产党的领导下，历经新民主主义革命时期的艰难起步、社会主义革命和建设时期的初创与探索、改革开放和社会主义现代化建设新时期的调整与改革、中国特色社会主义新时代的守正与创新，积极探索出中国特色社会主义石油工业发展之路，逐步探索形成了"为民务实"的目标体系，"唯物辩证"的理念体系，"全面系统"的战略体系，"石油精神"为核心的石油企业文化体系。并且实现了"为民务实"的目标体系，构建了"唯物辩证"的理念体系，搭建了"全面系统"的战略体系，形成了以"石油精神"为核心的石油企业文化体系，我国石油工业实现了由小到大、从衰变强的逐步提升与跨越，中国脱掉"贫油国"的帽子摇身一变成为世界石油强国，建立并发展了现代化的石油工业体系，保障了石油市场和国民经济的平稳运行，维护了国家油气安全稳定，为中国式现代化建设做出了重要贡献。

本书坚持以马克思主义为指导思想，力求在总结马克思主义现代化理论与实践的基础上，通过对中国共产党百年史、中国石油工业发展史等有关经典文献的梳理分析和归纳比较，重点探讨了中国共产党领导石油工业现代化的历史进程与规律，总结中国共产党领导的石油工业现代化的历史成就、经验启示，为社会主义国家实现石油工业现代化提供中国智慧与中国方案。本书围绕中国共产党领导石油工业现代化的理论逻辑、历史逻辑和现实逻辑展开，从理论渊源、发展历程、历史贡献以及经验启示等方面进行阐述分析，整体而言，形成了以下结论。

第一，石油工业现代化发展问题作为一项具有系统性、复杂性和广泛性的综合性课题，对于我国全面建成社会主义现代化强国的宏伟蓝图具有至关重要的意义。我们必须运用历史的、发展的、动态的视角来审视这一问题，因为石油工业并非孤立、传统和封闭的，而是在中国式现代化的宏伟蓝图中，发挥着各产业综合发展的核心能源支撑作用。理解中国共产党领导石油工业现代化发展的内涵要基于大历史观视野以理论性和政策性两个思维维度把握不同历史阶段的思想精髓与实践经验，基于全球观视野审视石油工业改革创新和对外开放的必要性与应然性，基于国情观认识我国石油工业现代化发展的独特性及与西方石油工业发展路径的差异性与超越性，基于系统观领悟石油工业运动发展的综合性与复杂性。石油工业自诞生以来，就与政治、经济、文化等各个领域紧密相连，其发展直接关系到我国经济和社会转型过程中的社会稳定，关系到国家能否顺利、全面地实现现代化。因此，我们必须高度重视对中国共产党领导石油工业现代化思想的深入研究，从中汲取智慧和力量，为推动我国石油工业现代化进程提供坚实的理论支撑和实践指导。

第二，中国共产党领导石油工业现代化的理论是内涵丰富和特征鲜明的逻辑体系。但研究无法做到面面俱到，仅能选取有代表性的、具有针对性的重点内容进行梳理和分析，做到把握全局与着力重点的辩证统一。按照"为什么发展石油工业、发展什么样的石油工业、怎样发展石油工业"的逻辑理路，较为全面地展现中国共产党领导石油工业现代化发展的实践历程、价值目标、经验成就等内容，对"如何发展、怎样发展好石油工业"这一问题而言，本书提出了新时代加强石油工业现代化发展的基本准则，要坚持和加强党的全面领导，坚持普遍性和特殊性相统一，坚持继承性和创新性相结合，坚持中国化与时代化相结合。在此基础上，进而提出了新时代加强石油工业现代化发展的路径选择，力求为今后石油工业现代化的发展提出一点可行性的分析与建议。

第三，中国共产党领导石油工业现代化的理论是石油工业实现高质量发展的行动指南。在中国共产党领导石油工业现代化的百年进程中，在不断总结历史经验中把握历史主动，在理论创新与经验创新的良性互动中提升石油工业现代化发展能力。从改革开放到如今这四十余载的不懈奋斗中，中国共产党带领石油工业体系摆脱了"贫油国"的帽子，石油工业生产力水平实现了总体跃升，推动我国石油工业发生了历史性突破，积极探索了中国特色社会主义石油工业的改革发展之路，高效建成了完整石油工业体系和世界油气生产大国，有力保障了国家经济建设和国防建设油气供应，为提高人民生活质量和建设美丽中国贡献力量等。进入新时代，促进石油工业的高质量发展，应该进一步激发内生动力，始终以党的旗帜为旗帜、以党的方向为方向、以党的意志为意志，实现兴油报国、兴油为党的政治追求。

第四，中国共产党之所以能在如此短的时间内引领石油工业实现飞跃式发展，是因为始终坚持中国共产党的正确领导。我们党将马克思主义现代化理论同石油工业现代化的实际相结合，同中华优秀传统文化相结合，不断谱写马克思主义中国化现代化思想的新篇章，并带领石油人掌握了体现科学性、真理性、人民性和实践性的理论与实践成果，不断满足人民对美好生活追求的新期待。此外，在中国共产党的领导下，石油工业始终以满足广大人民群众的利益为出发点与落脚点，历史性地脱掉了"贫油国"的帽子，一定程度上提升了中国的国际地位，保障了国家能源供应，提升了人民生活水平。在新时代新征程中，面对石油工业现代化发展的新问题与新挑战，中国共产党继续秉承敢于斗争、善于斗争的精神品质，以自我革命不断提升石油工业发展治理能力水平，有效防范化解石油工业现代化建设面临的风险挑战，推动石油工业高质量发展迈出更为坚实的步伐。

对中国共产党领导石油工业现代化的发展历程、实践经验和作用影响的研究，为研究中共党史、新中国史、改革开放史、社会主义发展史，中国共产党治国理政，中国共产党领导的制度优越性等提供了切入点与着力点的创新理路。当前学界的研究多集中在石油工业发展史的阶段性回顾，缺乏多维度、系统性对石油工业现代化发展的深入阐释。石油工业现代化的发展过程与实践经验不容忽视，对其理论根基的溯源、内涵实质的凝练、历史成就的梳理以及经验启示的总结，为石油工业在新时代新征程中持续推动高质量现代化发展提供理论支撑。本书致力于在现有学术研究的基础上，对上述关键领域进行系统的探索与分析，以期为中国共产党领导石油工业现代化发展的研究贡献新的力量。客观地讲，本书仅以抛砖引玉之力为学界提供深入研究的切口。期冀未来有更多的学者得以站在不同学科的立场，以多维视角对该研究进行更为深入全面的探讨，共同为分析和总结中国共产党领导石油工业现代化发展的理论与实践贡献微薄之力。

参考文献

一、中文文献

（一）中文著作

［1］中共中央马克思恩格斯列宁斯大林著作编译局．马克思恩格斯文集：第一卷［M］．北京：人民出版社，2009．

［2］中共中央马克思恩格斯列宁斯大林著作编译局．马克思恩格斯文集：第二卷［M］．北京：人民出版社，2009．

［3］中共中央马克思恩格斯列宁斯大林著作编译局．马克思恩格斯文集：第三卷［M］．北京：人民出版社，2009．

［4］中共中央马克思恩格斯列宁斯大林著作编译局．马克思恩格斯文集：第五卷［M］．北京：人民出版社，2009．

［5］中共中央马克思恩格斯列宁斯大林著作编译局．马克思恩格斯文集：第八卷［M］．北京：人民出版社，2009．

［6］中共中央马克思恩格斯列宁斯大林著作编译局．马克思恩格斯文集：第十卷［M］．北京：人民出版社，2009．

［7］中共中央马克思恩格斯列宁斯大林著作编译局．马克思恩格斯全集：第二卷［M］．北京：人民出版社，1957．

［8］中共中央马克思恩格斯列宁斯大林著作编译局．马克思恩格斯全集：第三卷［M］．北京：人民出版社，1960．

［9］中共中央马克思恩格斯列宁斯大林著作编译局．马克思恩格斯全集：第七卷［M］．北京：人民出版社，1959．

［10］中共中央马克思恩格斯列宁斯大林著作编译局．马克思恩格斯全集：第二十一卷［M］．北京：人民出版社，1965．

［11］中共中央马克思恩格斯列宁斯大林著作编译局．马克思恩格斯全集：第三十九卷［M］．北京：人民出版社，1974．

［12］中共中央马克思恩格斯列宁斯大林著作编译局．马克思恩格斯全集：第四十六卷［M］．北京：人民出版社，1979．

［13］中共中央马克思恩格斯列宁斯大林著作编译局．列宁全集：第四卷［M］．北京：人民出版社，1972．

［14］中共中央马克思恩格斯列宁斯大林著作编译局．列宁全集：第五卷［M］．北京：人民出版社，2013．

［15］中共中央马克思恩格斯列宁斯大林著作编译局．列宁全集：第三十二卷［M］．北京：人民出版社，1985．

［16］中共中央马克思恩格斯列宁斯大林著作编译局．列宁全集：第三十四卷［M］．北京：人民出版社，2017．

［17］中共中央马克思恩格斯列宁斯大林著作编译局．列宁全集：第三十五卷［M］．北京：人民出版社，2017．

［18］中共中央马克思恩格斯列宁斯大林著作编译局．列宁全集：

第三十六卷［M］. 北京：人民出版社，2017.

［19］中共中央马克思恩格斯列宁斯大林著作编译局. 列宁全集：第四十卷［M］. 北京：人民出版社，2017.

［20］中共中央马克思恩格斯列宁斯大林著作编译局. 列宁全集：第四十二卷［M］. 北京：人民出版社，2017.

［21］中共中央马克思恩格斯列宁斯大林著作编译局. 苏联社会主义经济问题［M］. 北京：人民出版社，1975.

［22］中共中央马克思恩格斯列宁斯大林著作编译局. 斯大林选集：上卷［M］. 北京：人民出版社，1979.

［23］中共中央马克思恩格斯列宁斯大林著作编译局. 斯大林全集：第7卷［M］. 北京：人民出版社，1953.

［24］中共中央文献研究室. 毛泽东文集：第一卷［M］. 北京：人民出版社，2009.

［25］中共中央文献研究室. 毛泽东文集：第二卷［M］. 北京：人民出版社，2009.

［26］中共中央文献研究室. 毛泽东文集：第三卷［M］. 北京：人民出版社，2009.

［27］中共中央文献研究室. 毛泽东文集：第四卷［M］. 北京：人民出版社，2009.

［28］中共中央文献研究室. 毛泽东文集：第五卷［M］. 北京：人民出版社，2009.

［29］中共中央文献研究室. 毛泽东文集：第六卷［M］. 北京：人民出版社，2009.

［30］中共中央文献研究室．毛泽东文集：第七卷［M］．北京：人民出版社，2009.

［31］中共中央文献研究室．毛泽东文集：第八卷［M］．北京：人民出版社，2009.

［32］毛泽东．毛泽东选集：第一卷［M］．北京：人民出版社，1991.

［33］毛泽东．毛泽东选集：第二卷［M］．北京：人民出版社，1991.

［34］毛泽东．毛泽东选集：第三卷［M］．北京：人民出版社，1991.

［35］毛泽东．毛泽东选集：第四卷［M］．北京：人民出版社，1991.

［36］邓小平．邓小平文选：第一卷［M］．北京：人民出版社，1994.

［37］邓小平．邓小平文选：第二卷［M］．北京：人民出版社，1994.

［38］邓小平．邓小平文选：第三卷［M］．北京：人民出版社，1993.

［39］邓小平．邓小平文集［M］．北京：人民出版社，2014.

［40］中共中央文献研究室．邓小平年谱（一九七五——一九九七）：下［M］．北京：中央文献出版社，2004.

［41］江泽民．江泽民文选：第一卷［M］．北京：人民出版社，2006.

［42］江泽民．江泽民文选：第二卷［M］．北京：人民出版社，2006.

［43］江泽民．江泽民文选：第三卷［M］．北京：人民出版社，2006.

［44］胡锦涛．胡锦涛文选：第一卷［M］．北京：人民出版社，2016.

［45］胡锦涛．胡锦涛文选：第二卷［M］．北京：人民出版社，2016.

［46］胡锦涛．胡锦涛文选：第三卷［M］．北京：人民出版社，2016.

［47］习近平．习近平谈治国理政：第一卷［M］．北京：外文出版社，2018.

［48］习近平．习近平谈治国理政：第二卷［M］．北京：外文出版社，2017.

［49］习近平．习近平谈治国理政：第三卷［M］．北京：外文出版社，2020.

［50］习近平．在纪念马克思诞辰200周年大会上的讲话［M］．北京：人民出版社，2018.

［51］习近平．在纪念孔子诞辰2565周年国际学术研讨会暨国际儒学联合会第五届会员大会开幕会上的讲话［M］．北京：人民出版社，2014.

［52］习近平．紧紧围绕坚持和发展中国特色社会主义学习宣传贯彻党的十八大精神：在十八届中共中央政治局第一次集体学习时的讲

话〔M〕. 北京：人民出版社，2012.

〔53〕习近平. 在庆祝中国共产党成立100周年大会上的讲话〔M〕. 北京：人民出版社，2021.

〔54〕习近平. 在中国科学院第十九次院士大会、中国工程院第十四次院士大会上的讲话〔M〕. 北京：人民出版社，2018.

〔55〕中共中央文献研究室. 习近平关于社会主义生态文明建设论述摘编〔M〕. 北京：中央文献出版社，2017.

〔56〕中共中央文献研究室. 建国以来重要文献选编：第六册〔M〕. 北京：中央文献出版社，1993.

〔57〕中共中央关于党的百年奋斗重大成就和历史经验的决议〔M〕. 北京：人民出版社，2021.

〔58〕中共中央宣传部. 习近平新时代中国特色社会主义思想三十讲〔M〕. 北京：学习出版社，2018.

〔59〕孙宝范，卢泽洲. 铁人传〔M〕. 北京：中国工人出版社，2023.

〔60〕何建明. 奠基者〔M〕. 宁夏：宁夏人民出版社，2023.

〔61〕《中国石化简史》编写组. 中国石化简史〔M〕. 北京：中国石化出版社，2023.

〔62〕《新时代石油精神和石化传统研究》课题组. 新时代石油精神和石化传统研究〔M〕. 北京：中国石化出版社，2023.

〔63〕王昆，傅殿戈. 新时代中国精神价值传承：铁人精神〔M〕. 沈阳：东北大学出版社，2023.

〔64〕《我为祖国献石油》编委会. 我为祖国献石油〔M〕. 北京：

石油工业出版社, 2023.

[65] 铁人学院. 中国工业化发展道路与产业工人队伍建设 [M].
北京: 中国工人出版社, 2022.

[66]《中国石油工业百年发展史》编写组. 中国石油工业百年发
展史 [M]. 北京: 中国石化出版社, 2021.

[67] 郭岗彦. 铁人印记 [M]. 山东: 中国石油大学出版
社, 2021.

[68]《共产党人王进喜: 看铁人是如何炼成的》编委会. 共产党
人王进喜: 看铁人是如何炼成的 [M]. 北京: 石油工业出版社, 2021.

[69]《中国石油工业百年发展史》编写组. 中国石油工业百年发
展史 [M]. 北京: 中国石化出版社, 2021.

[70] 中国社会科学院工业经济研究所. 中国工业发展报告: 建党
百年与中国工业 [M]. 北京: 经济管理出版社, 2021.

[71]《石油精神: 文献石油 70 年》编写组. 石油精神: 文献石油
70 年 [M]. 北京: 石油工业出版社, 2020.

[72] 金碚, 等. 中国工业发展 70 年 [M]. 北京: 经济科学出版
社, 2019.

[73] 李寿生. 铿锵脚步: 新中国成立 70 周年石油和化学工业发
展纪实 [M]. 北京: 化学工业出版社, 2019.

[74] 周维富, 吴敏, 汪怡宁, 等. 马克思、恩格斯、列宁、斯大林
论工业化 [M]. 北京: 中国社会科学出版社, 2019.

[75] 何建明. 石油圣城: 大庆 60 年纪事 [M]. 北京: 人民出版
社, 2019.

[76] 中国石油天然气集团有限公司.石油巨变:中国石油改革开放 40 年 [M].北京:石油工业出版社,2018.

[77]《奋进 40 年:中国海油改革开放的闪亮记忆》创作组.奋进 40 年:中国海油改革开放的闪亮记忆 [M].北京:石油工业出版社,2018.

[78] 梁孝.中国社会主义工业化道路研究 [M].天津:天津人民出版社,2015.

[79] 杨宏伟.中国特色工业化理论与实践:基于马克思主义中国化的视角 [M].北京:中国社会科学出版社,2013.

[80] 黄时进.新中国石油化学工业发展史(1949—2009)[M].上海:华东理工大学出版社,2012.

[81] 余秋里.余秋里回忆录 [M].北京:人民出版社,2011.

[82] 郭根山,祝念锋.马克思主义工业化理论及其中国化进程 [M].北京:人民出版社,2011.

[83]《百年石油》编写组.百年石油 [M].北京:石油工业出版社,2009.

[84] 刘仁.走近铁人 [M].北京:石油工业出版社,2008.

[85] 高伯文.中国共产党与中国特色工业化道路 [M].北京:中央编译出版社,2008.

[86] 张明功,秦云松.石油纵横 [M].北京:石油工业出版社,2006.

[87] 梁华,刘金文.中国石油通史 [M].北京:中国石化出版社,2003.

[88] 张叔岩.20世纪上半叶的中国石油工业 [M].北京：石油工业出版社，2001.

[89] 陈鸿潘.石油工业通论 [M].北京：石油工业出版社，1995.

[90] 康世恩.康世恩论中国石油工业 [M].北京：石油工业出版社，1995.

[91]《大庆简史》编纂委员会.大庆简史 [M].北京：当代中国出版社，1994.

[92]《当代中国的石油工业》丛书编辑部.当代中国的石油工业 [M].北京：中国社会科学出版社，1988.

[93] 申力生.中国石油工业发展史 [M].北京：石油工业出版社，1984.

[94] 陈正祥.中国的石油 [M].香港：天地图书有限公司，1971.

（二）国外译作

[1] 熊玠.习近平时代 [M].纽约：美国时代出版社，2015.

[2] 傅高义.邓小平时代 [M].冯克利，译.北京：生活·读书·新知三联书店，2013.

[3] 基辛格.论中国 [M].胡利平，等译.北京：中信出版社，2015.

[4] 施拉姆.毛泽东的思想 [M].北京：中国人民大学出版社，2013.

[5] 史华慈.中国的共产主义与毛泽东的崛起 [M].陈玮，译.

北京：中国人民大学出版社，2006.

　[6] 奈特．再思毛泽东：毛泽东思想的探索［M］．闫方洁，等译．北京：中国人民大学出版社，2014.

　[7] 蓝普顿．中国力量的三面：军力、财力和智力［M］．姚芸竹，译．北京：新华出版社，2009.

　[8] 耶金．奖赏：石油、金钱与权力全球大博弈［M］．艾平，等译．北京：中信出版社，2016.

　[9] 耶金．能源重塑世界［M］．北京：石油工业出版社，2012.

　[10] 耶金．石油大博弈：追逐石油、金钱与权力的斗争［M］．艾平，等译．北京：中信出版社，2008.

　[11] 李侃如．治理中国：从革命到改革［M］．胡国成，赵梅，译．北京：中国社会科学出版社，2010.

　[12] 艾神斯塔德．现代化：抗拒与变迁［M］．北京：中国人民大学出版社，1988.

　[13] 安德鲁斯－斯皮德，丹罗伊特．中国、石油与全球政治［M］．张素芳，何永秀，译．北京：社会科学文献出版社，2014.

　[14] 安德鲁斯－斯皮德．中国能源治理：低碳经济转型之路［M］．张素芳，王伟，刘喜梅，译．北京：中国经济出版社，2015.

　[15] 德赛．马克思的复仇：资本主义的复苏和苏联集权社会主义的灭亡［M］．汪澄清，译．北京：中国人民大学出版社，2008.

　[16] 弗利．睿智：亚当谬论及八位经济学巨人的思考［M］．温涌，译．上海：上海财经大学出版社，2010.

　[17] 岩佐茂．环境的思想与伦理［M］．冯雷，李欣荣，尤维芬，

译．北京：中央编译出版社，2011.

[18] 波兰尼．巨变：当代政治与经济的起源［M］．黄树民，译．北京：社会科学文献出版社，2013.

[19] 赵天池．大国石油梦［M］．天津：天津人民出版社，2013.

（三）国内期刊

[1] 邱佛梅，吴定海．世界现代化的发展经验、一般规律与中国方案［J］．深圳社会科学，2024，7（2）.

[2] 潘家华．"双碳"目标再解析：概念、挑战和机遇［J］．北京工业大学学报（社会科学版），2024，24（3）.

[3] 马超林．新中国成立以来我国能源安全观及能源安全政策的历史演进［J］．湖北社会科学，2023（2）.

[4] 许勤华．新时代中国能源外交战略研究［J］．人民论坛·学术前沿，2023（13）.

[5] 王作乾，韦青，范喆，等．"一带一路"油气勘探开发合作成果与展望［J］．中国科学院院刊，2023，38（10）.

[6] 杨宇，夏四友，金之钧．能源转型重塑地缘政治的逻辑与研究展望［J］．地理学报，2023，78（9）.

[7] 秦慧杰．大庆精神、铁人精神：高扬在中国石油工业战线上的光辉旗帜［J］．党建，2023（10）.

[8] 张崇辉，袁羚竞，苏为华．总体国家安全观下技术进步与能源替代能否降低石油对外依赖？——基于 IEA 国家的经验证据［J］．统计研究，2023，40（9）.

[9] 吕健，陆宣．中国共产党百年工业化思想的历史回顾与经验总

结〔J〕. 南京审计大学学报, 2022, 19 (2).

〔10〕杜传忠, 王纯. 我国工业化道路探索及新发展阶段创新方向研究〔J〕. 天津社会科学, 2022 (2).

〔11〕李宗圆, 伍山林. 中国共产党工业化思想百年演进〔J〕. 上海经济研究, 2022 (3).

〔12〕郭熙保. 中国共产党工业化道路理论的学理性探析〔J〕. 中国工业经济, 2022 (1).

〔13〕任志江, 林超, 汤希. 从新民主主义工业化道路到中国式现代化新道路: 中国共产党对现代化道路的百年探索〔J〕. 经济问题, 2022 (2).

〔14〕邹悦, 黄靖舒. 大庆石油会战对党的思想路线时代化探索及其启示〔J〕. 活力, 2022 (1).

〔15〕中国石油天然气集团有限公司党组. 党领导新中国石油工业的历史经验与启示〔J〕. 石油组织人事, 2021 (11).

〔16〕杨战社, 刘小波, 解宝, 等. 以"两论"为指导的石油会战精神与技术攻关: 周春虎先生访谈录〔J〕. 西安石油大学学报 (社会科学版), 2021, 30 (4).

〔17〕李寿生. 党的领导是我国石油和化学工业发展壮大的根本保证〔J〕. 中国石油和化工, 2021 (7).

〔18〕刘金友. 大庆石油会战胜利的根本经验及启示〔J〕. 大庆社会科学, 2021 (3).

〔19〕王坚强. 学习习近平"新党史观"推动新中国石油工业史研究〔J〕. 北京石油管理干部学院学报, 2021, 28 (3).

[20] 李晓华，沈继楼．中国共产党领导下的百年工业化：历程、经验与展望 [J]．当代财经，2021（12）．

[21] 黄群慧．2020 年我国已经基本实现了工业化：中国共产党百年奋斗重大成就 [J]．经济学动态，2021（11）．

[22] 史丹．中国社会主要矛盾转变与党对经济工作的领导 [J]．中国工业经济，2021（10）．

[23] 乔晓楠．中国共产党统筹双循环推进工业化的逻辑与经验 [J]．学习与探索，2021（10）．

[24] 伍山林，李宗圆．中国共产党工业化思想的战略逻辑：以社会主义革命与建设时期毛泽东论述为中心 [J]．财经研究，2021，47（10）．

[25] 徐坤．毛泽东工业化思想的研究进展及其学术反思 [J]．毛泽东研究，2021（4）．

[26] 郭旭红，李楠．试论中国共产党对社会主义工业化的认识与实践 [J]．毛泽东邓小平理论研究，2021（7）．

[27] 黄群慧．中国共产党领导社会主义工业化建设及其历史经验 [J]．中国社会科学，2021（7）．

[28] 赵学军．"156 项"建设项目对中国工业化的历史贡献 [J]．中国经济史研究，2021（4）．

[29] 徐坤，王智．中国共产党推动中国工业化百年实践的基本经验 [J]．广西大学学报（哲学社会科学版），2021，43（4）．

[30] 荣兆梓．工业化阶段的生产力特征和社会主义市场经济体制 [J]．经济纵横，2021（6）．

[31] 陈健，郭冠清．政府与市场：对中国改革开放后工业化过程的回顾 [J]．经济与管理评论，2021，37（3）．

[32] 张永恒，郝寿义，史红斌．美国后工业化初级阶段的转型及其对中国高质量发展的启示 [J]．河南社会科学，2021，29（3）．

[33] 徐坤，王智．习近平总书记关于新时代中国工业化重要论述的理论内涵 [J]．学校党建与思想教育，2021（4）．

[34] 黄群慧，贺俊，倪红福．新征程两个阶段的中国新型工业化目标及战略研究 [J]．南京社会科学，2021（1）．

[35] 丁帅．我国社会主义工业化内在规定性及其启示 [J]．毛泽东邓小平理论研究，2020（9）．

[36] 孙婧．论大庆精神的形成、历史演变及其时代价值 [J]．齐齐哈尔大学学报（哲学社会科学版），2020（11）．

[37] 刘磊，夏勇．战略选择与阶段特征：中国工业化绿色转型的渐进之路 [J]．经济体制改革，2020（6）．

[38] 郭跃文，向晓梅．探索工业化道路新方向《中国经济特区四十年工业化道路：从比较优势到竞争优势》[J]．南方经济，2020（11）．

[39] 管汉晖，刘冲，辛星．中国的工业化：过去与现在（1887—2017）[J]．经济学报，2020，7（3）．

[40] 黄群慧．"十四五"时期深化中国工业化进程的重大挑战与战略选择 [J]．中共中央党校（国家行政学院）学报，2020，24（2）．

[41] 孙承志．新时代信息化与新型工业化深度融合发展与对策研究 [J]．情报科学，2020，38（2）．

[42] 武义青，陈永国．新中国七十年工业化演进与展望 [J]．经

济与管理, 2019, 33 (6).

[43] 卢福财, 马绍雄, 徐斌. 新中国工业化70年: 从起飞到走向成熟 [J]. 当代财经, 2019 (10).

[44] 王赟鹏. 毛泽东与中国工业化道路的历史转换 [J]. 求索, 2019 (5).

[45] 任保平, 张星星. 新中国70年工业化发展进程的演进及其未来趋势 [J]. 西安财经学院学报, 2019 (4).

[46] 黄群慧, 贺俊. 未来30年中国工业化进程与产业变革的重大趋势 [J]. 学习与探索, 2019 (8).

[47] 韩保江, 杨丽. 新中国70年工业化历程、成就与基本经验 [J]. 改革, 2019 (7).

[48] 颜英, 何爱国. 新中国七十年的工业化道路 [J]. 福建论坛 (人文社会科学版), 2019 (7).

[49] 钱津. 论新中国的工业化建设 [J]. 经济纵横, 2019 (3).

[50] 徐坤, 王智. 新中国七十年工业化进程中的"中国智慧" [J]. 广西大学学报 (哲学社会科学版), 2019, 41 (2).

[51] 黄群慧. 改革开放40年中国的产业发展与工业化进程 [J]. 中国工业经济, 2018 (9).

[52] 修远基金会. 中国特色社会主义工业化的历史经验 [J]. 当代中国史研究, 2018, 25 (4).

[53] 修远基金会. 中国的工业化道路与中国特色社会主义: 纪念改革开放四十年 [J]. 文化纵横, 2018 (3).

[54] 宋建国. 毛泽东社会主义工业化思想的科学发展意蕴 [J].

人民论坛·学术前沿, 2018 (9).

[55] 黄群慧. 以高质量工业化进程促进现代化经济体系建设 [J]. 行政管理改革, 2018 (1).

[56] 王英. 马克思工业化道路思想及其在当代中国的发展: 学习恩格斯英国工人阶级状况的思考 [J]. 经济问题, 2017 (12).

[57] 黄德胜. 工业化新阶段及新型工业化路径研究 [J]. 宏观经济管理, 2017 (8).

[58] 郭元阳, 张耀元. 大庆石油会战宣传和实践群众路线的路径探索 [J]. 新闻战线, 2017 (14).

[59] 陆静. 大庆石油会战时期领导者的哲学智慧研究 [J]. 大庆师范学院学报, 2017 (4).

[60] 王赟鹏. 从工业化到现代化: 毛泽东工业化思想的演变 [J]. 湖南科技大学学报 (社会科学版), 2017, 20 (2).

[61] 程广云. 工业化与社会主义的选择 [J]. 教学与研究, 2016 (10).

[62] 乔晓楠, 何自力. 马克思主义工业化理论与中国的工业化道路 [J]. 经济学动态, 2016 (9).

[63] 胡庆祝. 论中共早期领导人的政治独立与工业化思想 [J]. 学术交流, 2016 (7).

[64] 蒲志仲, 刘新卫, 毛程丝. 能源对中国工业化时期经济增长的贡献分析 [J]. 数量经济技术经济研究, 2015, 32 (10).

[65] 焦冉. 马克思恩格斯工业化思想的理论特质及其社会影响 [J]. 重庆社会科学, 2014 (12).

［66］周维富.中国工业化的进展、突出问题和发展策略［J］.经济纵横，2014（12）.

［67］陈兴康.建国以来毛泽东对中国梦的认识及现实启示：兼论中国工业化发展道路的嬗变［J］.中国青年政治学院学报，2014，33（6）.

［68］伊广英.毛泽东社会主义工业化思想及其历史实践［J］.兰台世界，2014（31）.

［69］冷兆松.毛泽东与中国工业化理论和政策的开创：基于数据挖掘的新发现［J］.湖南科技大学学报（社会科学版），2014，17（4）.

［70］唐浩.中国特色新型工业化的新认识［J］.中国工业经济，2014（6）.

［71］叶林，余江.中国工业化的进展、新情况和成功实现［J］.武汉大学学报（哲学社会科学版），2014，67（2）.

［72］夏静雷.中国早期工业化的百年演进轨迹［J］.重庆社会科学，2014（1）.

［73］吴蕾.中国近现代石油工业的五座油矿［J］.石油知识，2014（1）.

［74］孙正聿.现代化与现代化问题：从马克思的观点看［J］.马克思主义与现实，2013（1）.

［75］王乾厚.新中国工业化战略路径演变、反思与展望［J］.湖北大学学报（哲学社会科学版），2013，40（5）.

［76］朱佳木.毛泽东与中国工业化［J］.毛泽东邓小平理论研究，2013（8）.

[77] 刘思华. 论新型工业化、城镇化道路的生态化转型发展 [J]. 毛泽东邓小平理论研究, 2013 (7).

[78] 荣宏庆. 新型工业化与信息化深度融合路径探讨 [J]. 社会科学家, 2013 (7).

[79] 黄群慧. 中国的工业化进程: 阶段、特征与前景 [J]. 经济与管理, 2013, 27 (7).

[80] 郭根山. 社会主义初级阶段中国工业化的新特色、新动力与新机遇 [J]. 河南社会科学, 2013, 21 (2).

[81] 李昕. 中国石油外交模式探析: 基于改革开放前三十年的思考 [J]. 大庆师范学院学报, 2013, 33 (4).

[82] 郭洪涛. 中国工业化模式的创新与发展: 基于马克思工业化理论的分析 [J]. 广西社会科学, 2013 (1).

[83] 程宏燕. 现代工业化初期马克思恩格斯的科技文化思想 [J]. 中国特色社会主义研究, 2012 (6).

[84] 苏波. 转变发展方式 走新型工业化道路 [J]. 求是, 2012 (16).

[85] 李卉. 论毛泽东以"工业化"为核心的中国现代化思想 [J]. 人民论坛, 2012 (20).

[86] 徐晓东. 谈"两论起家"的本质思考和时代价值 [J]. 绥化学院学报, 2012, 32 (1).

[87] 王晋林. 抗日战争时期陕甘宁边区的石油工业 [J]. 中国石油大学学报 (社会科学版), 2012, 28 (3).

[88] 李玉琪, 惠荣. 中国古代为什么没有产生现代石油工业 [J].

西安石油大学学报（社会科学版），2012，21（2）.

[89] 时家贤. 马克思恩格斯的工业化理论及其当代启示 [J]. 当代世界与社会主义，2011（6）.

[90] 殷旭晨，林海瑛，张志军. 大庆油田实践出的经验："两论"起家 [J]. 黑龙江生态工程职业学院学报，2011，24（6）.

[91] 管慧. 刍议大庆精神的形成 [J]. 世纪桥，2011（9）.

[92] 王彦涛，杨宏伟. 试论马克思和恩格斯工业化理论形成的历史与逻辑 [J]. 青海社会科学，2011（5）.

[93] 白夜. 毛泽东的中国工业化道路思想及启示 [J]. 北京交通大学学报（社会科学版），2011，10（3）.

[94] 郭根山. 推进工业化必须坚持党的领导 [J]. 高校理论战线，2011（3）.

[95] 阮建平. 跨越时空的两场工业化之争：梁漱溟与毛泽东、杰斐逊与汉密尔顿 [J]. 毛泽东思想研究，2010，27（5）.

[96] 刘天旭，赵兆东. 马克思恩格斯对中国工业化的展望 [J]. 社会主义研究，2010（4）.

[97] 韩福魁. 大庆精神的形成背景：《话说大庆精神》之三 [J]. 大庆社会科学，2010（1）.

[98] 李波. 论毛泽东社会主义工业化思想的形成与发展 [J]. 世纪桥，2009（1）.

[99] 薛毅. 抗日战争与中国工业近代化 [J]. 抗日战争研究，2009（2）.

[100] 曹力铁. 毛泽东探索中国工业化道路中的两次思想飞跃

[J]. 福建党史月刊, 2007 (4).

[101] 屈春海. 清末延长油矿创办述略 [J]. 历史档案, 2005 (2).

[102] 吴敬琏. 怎样走好新型工业化道路 [J]. 山东经济战略研究, 2005 (4).

[103] 薛毅. 翁文灏与近代中国石油工业 [J]. 石油大学学报 (社会科学版), 2005 (1).

[104] 石宝珩. 黄汲清先生对中国石油的贡献: 纪念黄汲清先生诞辰 100 周年 [J]. 石油学报, 2004 (2).

[105] 洪银兴. 新型工业化道路的经济学分析 [J]. 贵州财经学院学报, 2003 (1).

[106] 王小广. 怎样走新型工业化道路 [J]. 中国物价, 2003 (1).

[107] 曲格平. 探索可持续的新型工业化道路 [J]. 环境保护, 2003 (1).

[108] 周振华. 新型工业化道路: 工业化与信息化的互动与融合 [J]. 上海经济研究, 2002 (12).

[109] 薛毅. 孙越崎与近代中国石油工业 [J]. 石油大学学报 (社会科学版), 2002 (4).

[110] 梁严冰. 延长石油官厂成立述论 [J]. 石油大学学报 (社会科学版), 2001 (1).

[111] 汪波. 资源委员会与中国石油工业 [J]. 党史研究与教学, 2000 (5).

[112] 王继洲. 抗日战争与中国近代石油工业 [J]. 石油大学学报

（社会科学版），1996（3）.

[113] 张文昭. 大庆油田的发现和大庆油田会战若干重要事件的回忆 [J]. 中国科技史料，1994（2）.

（四）报纸

[1] 中共中央关于党的百年奋斗重大成就和历史经验的决议 [N]. 人民日报，2021-11-17（01）.

[2] 张晓松，朱基钗，杜尚泽. 大河奔涌，奏响新时代澎湃乐章——习近平总书记考察黄河入海口并主持召开深入推动黄河流域生态保护和高质量发展座谈会纪实 [N]. 人民日报，2021-10-24（01）.

[3] 习近平. 决胜全面建成小康社会 夺取新时代中国特色社会主义伟大胜利——在中国共产党第十九次全国代表大会上的报告 [N]. 人民日报，2017-10-28（1）.

[4] 胡刘. 马克思"全球化"思想的理论逻辑 [N]. 中国社会科学报，2017-08-31（3）.

[5] 习近平. 坚持运用辩证唯物主义世界观方法论 提高解决我国改革发展基本问题本领 [N]. 光明日报，2015-01-25（1）.

[6] 习近平. 推动全党学习和掌握历史唯物主义更好认识规律更加能动地推进工作 [N]. 人民日报. 2013-12-05（1）.

[7] 习近平. 脚踏着祖国大地胸怀着人民期盼 书写无愧于时代人民历史的绚丽篇章 [N]. 人民日报，2013-10-22（1）.

[8] 大庆隆重庆祝开发 35 周年稳产 20 周年 [N]. 中国石油报，1995-09-22.

（五）学位论文

[1] 李志伟. 马克思现代性思想及其当代意义研究 [D]. 上海：

华东师范大学, 2022.

[2] 康贺. 马克思恩格斯现代化思想研究 [D]. 沈阳: 辽宁大学, 2021.

[3] 范瑞滨. 马克思世界历史理论视域下的中国现代化研究 [D]. 沈阳: 贵州师范大学, 2020.

[4] 刘羽燕. 胜利油田的开发建设研究 (1961—1992) [D]. 北京: 中共中央党校, 2021.

[5] 季子正. 马克思主义现代化理论与实践研究 [D]. 北京: 中共中央党校, 2020.

[6] 舒磊. 中国共产党人早期现代化思想研究 [D]. 武汉: 武汉大学, 2019.

[7] 徐涛. 毛泽东工业发展战略思想研究 [D]. 北京: 中共中央党校, 2018.

[8] 赵伟力. 中国共产党科技现代化理论与实践研究 [D]. 西安: 西北大学, 2017.

[9] 侯佳贝. 国际石油价格波动及其对中国经济影响研究 [D]. 长春: 吉林大学, 2016.

[10] 白胜洁. 19 世纪末 20 世纪初俄国的工业垄断研究 [D]. 长春: 吉林大学, 2015.

[11] 胡光辉. 国际石油价格波动对中国经济的影响: 理论、机制与对策 [D]. 保定: 河北大学, 2013.

[12] 范卫青. 中国工业化道路的历史演进 [D]. 武汉: 武汉大学, 2013.

[13] 杨绪. 美国对外石油政策研究（1944—1954）[D]. 长春：东北师范大学, 2012.

[14] 杨宏伟. 马克思主义工业化理论与中国特色工业化道路研究 [D]. 兰州：兰州大学, 2010.

二、英文文献

[1] BUENGA M P, NAGITTA O P, WILLIAM K G, et al. Technology, human resource competencies and productivity in nascent petroleum industries: an empirical study [J]. Technological Sustainability, 2022, 1 (2).

[2] KAGAN J A, HEIKKILA T, WEIBLE C M, et al. Advancing scholarship on policy conflict through perspectives from oil and gas policy actors [J]. Policy Sciences, 2023 (56).

[3] NEKRASOV V. Decision−Making in the Soviet Energy Sector in Post−Stalinist Times: The Failure of Khrushchev's Economic Modernization Strategy [M] //PEROVIC J. Cold War Energy. New York: Palgrave Macmillan, 2017.

[4] TAYLOR J G. From Modernization to Modes of Production: A Critique of the Sociologies of Development and Underdevelopment [M]. London: Palgrave Macmillan, 1979.